Año de
BRUJAS

Papel certificado por el Forest Stewardship Council®

Primera edición: octubre de 2024

© 2024, @Aiguadvalencia
© 2024, Penguin Random House Grupo Editorial, S. A. U.
Travessera de Gràcia, 47-49. 08021 Barcelona
© 2024, Ricard López, por las ilustraciones
Diseño de cubierta: Penguin Random House Grupo Editorial / Manuel Esclapez

Penguin Random House Grupo Editorial apoya la protección de la propiedad intelectual. La propiedad intelectual estimula la creatividad, defiende la diversidad en el ámbito de las ideas y el conocimiento, promueve la libre expresión y favorece una cultura viva. Gracias por comprar una edición autorizada de este libro y por respetar las leyes de propiedad intelectual al no reproducir ni distribuir ninguna parte de esta obra por ningún medio sin permiso. Al hacerlo está respaldando a los autores y permitiendo que PRHGE continúe publicando libros para todos los lectores. De conformidad con lo dispuesto en el artículo 67.3 del Real Decreto Ley 24/2021, de 2 de noviembre, PRHGE se reserva expresamente los derechos de reproducción y de uso de esta obra y de todos sus elementos mediante medios de lectura mecánica y otros medios adecuados a tal fin. Diríjase a CEDRO (Centro Español de Derechos Reprográficos, http://www.cedro.org) si necesita reproducir algún fragmento de esta obra.

Printed in Spain – Impreso en España

ISBN: 978-84-19982-43-8
Depósito legal: B-12.673-2024

Compuesto en Arca Edinet, S. L.
Impreso en Gráficas 94, S. L.
Sant Quirze del Vallès (Barcelona)

AL82438

@AIGUADVALENCIA

Año de BRUJAS

Ilustraciones de
RICARD LÓPEZ

ALFAGUARA

A les que ara descobrireu
la màgia del pas dels dies

ÍNDICE

Los tiempos de la bruja 12

Entre otoño e invierno 14

Energías y correspondencias 18

Significado del momento 19

Colores 19

Cristales

Azabache 19

Cuarzo ahumado 19

Diamante 19

Obsidiana negra 19

De la tierra

Calabaza 20

Castaña 20

Crisantemo 20

Estragón 20

Granada 20

Mandrágora 20

Piñones 21

Ruda 21

Salvia 21

Sándalo 21

Deidades asociadas a la festividad

Hécate 22

Perséfone 22

Hades 23

Lilith 23

Altar de la festividad 24

Tiradas de tarot 25

Vela de ofrenda 28

Infusión de intuición 29

Destierro (de una persona) 30

Por el solsticio de invierno 32

Energías y correspondencias 37

Significado del momento 37

Colores 37

Cristales

Ágata 37

Cuarzo blanco 37

Moldavita 37

Turmalina (negra) 38

De la tierra

Azafrán 38

Canela 38

Cardamomo 38

Jengibre 38

Menta 38

Muérdago 38

Nuez moscada 39

Pino 39

Poinsettia 39

Deidades asociadas a la festividad

Helios 40

Jesús 40

María 41

Altar de la festividad 42

Tiradas de tarot 43

Velas del solsticio de invierno 46

Infusión de renovación 47

Abrecaminos 48

Entre invierno y primavera 50

Energías y correspondencias 55

Significado del momento 55

Colores 55

Cristales

Amatista 55

Citrino 55

Rubí 55

Turquesa 55

De la tierra

Diente de león 56

Hierba doncella 56

Laurel	56
Manzanilla	56
Margarita (amarilla)	56
Oliva	56
Romero	57
Sauce	57
Deidades asociadas a la festividad	
Brigid	58
Diana	58
Venus	59
Cupido	59
Altar de la festividad	60
Tiradas de tarot	61
Vela de placeres	64
Infusión de sol	65
Abrecaminos	66

En el equinoccio de primavera ... 68

Energías y correspondencias	73
Significado del momento	73
Colores	73
Cristales	
Aguamarina	73
Calcedonia	73
Jaspe (rojo)	73
Ópalo	73
De la tierra	
Aliso	74
Fresa	74
Jazmín	74
Narciso	74
Rosa	74
Tanaceto	75
Trébol	75
Tulipán	75
Violeta	75
Deidades asociadas a la festividad	
Afrodita	76
Ēostre	76
Adonis	77
Morana	77
Altar de la festividad	78

Tiradas de tarot.. 79
Vela de amor propio 82
Infusión de fertilidad 83
Para buenos cultivos 84

Entre primavera y verano.. 86
Energías y correspondencias 91
Significado del momento 91
Colores.. 91
Cristales
Ámbar 91
Cuarzo rosa 91
Esmeralda 91
Malaquita 91
De la tierra
Almendra 92
Artemisa 92
Caléndula 92
Dedalera 92
Hiedra 92
Jacinto de los bosques 92
Madreselva 93
Melisa 93
Tomillo 93
Deidades asociadas a la festividad
Flora 94
Maia 94
Pan 95
Altar de la festividad.. 96
Tiradas de tarot.. 97
Velas de la purificación.. 100
Infusión de fidelidad.. 101
Hechizo de comunidad.. 102

Por el solsticio de verano 104
Energías y correspondencias 109
Significado del momento 109
Colores.. 109
Cristales
Jade 109
Lapislázuli 109

Ojo de tigre 109

Selenita 109

De la tierra

Anís 110

Arándano 110

Hierba de San Juan 110

Hinojo 110

Lavanda 110

Limón 111

Naranja 111

Ruda 111

Verbena... 111

Deidades asociadas a la festividad

Hathor 112

Apolo 112

Gojas 113

Altar de la festividad.. 114

Tiradas de tarot... 115

Vela del solsticio de verano................................ 118

Infusión de belleza 119

Para soñar con el amor..................................... 120

Entre verano y otoño.. 122

Energías y correspondencias 126

Significado del momento 126

Colores 126

Cristales

Aventurina 126

Labradorita 126

Peridoto 126

Pirita 126

De la tierra

Ajo 127

Albahaca 127

Arroz 127

Girasol 127

Lúpulo 127

Maíz 127

Milenrama 128

Pera 128

Vara de oro 128

Deidades asociadas a la festividad
Lugh 129
Cerridwen.. 129
Altar de la festividad.. 130
Tiradas de tarot.. 131
Vela de abundancia 134
Infusión de plenitud 135
Para recoger los frutos del trabajo 136

En el equinoccio de otoño 138
Energías y correspondencias 143
Significado del momento 143
Colores 143
Cristales
Cornalina 143
Hematita 143
Topacio (amarillo) 143
Zafiro 143
De la tierra
Cardo 144
Cebolla 144
Clavo 144
Manzana 144
Nuez 144
Patata 144
Pimienta negra 145
Trigo 145
Uva 145
Zanahoria... 145
Deidades asociadas a la festividad
Deméter 146
Mabon ap Modron 146
Dioniso 146
Altar de la festividad.. 148
Tiradas de tarot.. 149
Vela de equilibrio.. 152
Infusión de descanso 153
Aceite de bienestar 154

Bibliografía 157

LOS TIEMPOS DE LA BRUJA

Mis queridas brujas:

Hace poco que nos leímos, pero esta vez no vengo a poner un manual entre vuestras manos. Voy a hablaros de la magia que guarda el paso del tiempo.

La especie humana siempre ha tenido la necesidad de medir el tiempo; de establecer una cronología cómoda que permita fijar de manera anticipada el tiempo libre, las obligaciones y las conmemoraciones, tanto de las personas como de la sociedad en su conjunto. Todos los pueblos y todas las culturas han tenido sus respectivos calendarios.[1]

Desde hace siglos se habla de las brujas y de sus fiestas, de sus reuniones alrededor de la hoguera, de sus bailes frenéticos junto a seres místicos y poderosos... Hoy en día, muchas practicantes de brujería seguimos celebrando momentos específicos en nuestro calendario, pero a veces desconocemos los orígenes de estas festividades. Dentro del mundo esotérico podemos encontrar nombres como Samhain, Yule u Ostara para referirnos a una fiesta de significado y simbología concretos.

Dentro de la llamada «rueda de las festividades paganas», que se ha popularizado más durante este último siglo, encontramos dos tipos de festividades: aquellas que coinciden con fenómenos astronómicos que determinan la duración de días y noches (solsticios y equinoccios) y establecen de alguna manera el cambio de estación y aquellas situadas en el punto central de cada una de las estaciones. Ahora bien, este último tipo de fiestas no se celebraba con la frecuencia actual, sino que formaba parte de un ciclo más largo.

---

[1] Duch, L. (1989) en *Calendari de festes de Catalunya, Andorra i la Franja*. 1a ed. Barcelona: Alta Fulla, p. 15.

Los celtas idearon un método que permitía compaginar el ciclo de la luna en periodos de meses con el ritmo de la vida. Celebraban cuatro grandes fiestas cada tres años, cada una con un margen de nueve meses respecto a la fiesta precedente. Sus meses eran buenos o nefastos de manera alternativa, según si la luna era vieja o nueva. En esta disposición todo estaba establecido; hasta cada una de las horas del día tenía un significado en la construcción cósmica. El gran interés que tiene este calendario es la división de un gran ciclo en cuatro periodos y que los hitos que marcaban el inicio de estos siguen presentes hoy en día. El gran año ritual se iniciaba en el día de Samuhin, el primero de noviembre. Nueve meses después se celebraba Lugnasad, el primero de agosto. El inicio del siguiente periodo, nueve meses más tarde, era Beltene, celebrado el primero de mayo. Y la última fiesta del gran ciclo, Imbolc, se festejaba el primer día de febrero, pasados otros nueve meses.[2]

Es decir, hemos comprimido las fiestas de este gran ciclo de treinta y seis meses en solamente doce, y además hemos incluido los inicios de cada estación a la hora de conformar nuestro calendario mágico actual.

Entender la brujería y sus costumbres como un hecho aislado e inerte sería un error. En la actualidad no solo las brujas seguimos celebrando estas fiestas y los solsticios y equinoccios que tienen lugar durante el año. De una manera u otra, las fiestas o los vestigios de ellas se han abierto paso a lo largo de los siglos, escondiéndose bajo otros nombres y modificando sus ritos para encajar dentro de aquello permitido durante las diferentes épocas. La necesidad de ir al ritmo de las estaciones es más que natural, y el paso de ellas alberga muchísima magia.

---

[2] Roma, J. (1989) en *Calendari de festes de Catalunya, Andorra i la Franja*. 1a ed. Barcelona: Alta Fulla, pp. 16-17.

ENTRE
OTOÑO
E
INVIERNO

*Per Tots Sants,
els blats sembrats
i els fruits a casa guardats.*[3]

Os preguntaréis por qué empezamos por aquí, y no por alguna de las estaciones. El caso es que la primera festividad del gran ciclo celta del que os hablaba en las páginas anteriores, celebrada el primer día de noviembre, es considerada por muchas ramas de la brujería como el año nuevo.

Dependiendo de la cultura o tradición, es este momento —y no el solsticio de invierno— el que decreta el inicio de esa estación. Samhain, Samhuinn, Samáin, Halloween, Oidhche Shamna, Calan Tachwedd, Todos los Santos, Castanyada, Dia de les Ànimes… Aunque todas las festividades que se celebran durante (o cerca de) la fecha del 1 de noviembre tienen costumbres muy distintas, su estrecho vínculo con la muerte y los difuntos hace que podamos relacionarlas fácilmente. Se afirma que, justo en este momento, cuando el día es notablemente más corto que la noche y el clima se torna frío, el velo que

---

[3] *Por Todos los Santos, / los trigos sembrados / y los frutos en casa guardados.* Refrán catalán.

separa los mundos se vuelve tan fino que se puede atravesar con facilidad, y el ambiente se ve envuelto de energías muy especiales. Es por este motivo, entre tantas otras cosas, que esta fiesta se relaciona directamente con la brujería.

Con la popularización hollywoodiana del Halloween estadounidense, el significado actual de la celebración parece quedar reducido a fiestas de disfraces, decorar la casa con linternas de calabaza y pedir caramelos de puerta en puerta. En realidad, estas costumbres son la evolución de tradiciones que aseguraban espantar los malos espíritus que acechaban la noche.

Teniendo en cuenta el significado de esta festividad y las energías que se le asocian, existen una serie de costumbres —tanto mundanas como mágicas— que están presentes en diversas culturas. También existen hechizos y rituales propios de la celebración (o que son ideales para realizar durante esta). Además de asegurar y proteger el hogar y la familia, muchas tradiciones tienen como objetivo venerar y honrar a las personas difuntas, en especial a familiares y ancestras. Podemos obtener guía de ellas y celebrar sus enseñanzas; tiradas de tarot, sesiones de meditación, proyección astral, regresión... Hay mil maneras distintas de recibir mensajes de nuestras antepasadas. También es una época ideal para dedicar un altar a aquellas personas que han fallecido. Las prácticas mágicas recomendables para este día (o noche) son de lo más variadas y no solo se reducen a trabajar con el más allá. Es mi momento preferido para realizar rituales que abran caminos, destierren, corten lazos o cierren ciclos. Por estas fechas, la magia con espejos, los aojamientos y las fascinaciones parece que funcionan de manera distinta, bebiendo del misterio presente y energizándose. Respecto a las costumbres no mágicas, también hay multitud. Durante los meses posteriores a la cosecha se pagaban las cuentas, las deudas y los alquileres (de tierras, por ejemplo). También se secaban especias, frutos, legumbres... a modo de preparación para la llegada del invierno. Es más que común realizar reuniones familiares, cocinar recetas tradicionales, disfrutar de la comida en comunidad y contar historias de aquellas personas que ya no están.

ENERGÍAS Y CORRESPONDENCIAS

Antes de pasar a listados en los que os digo qué plantas corresponden a la fiesta y las energías que guarda cada una de ellas, los cristales y los colores que se asocian a este momento del año, ¡me encantaría intentar explicar de dónde vienen estas correspondencias! Siempre se dice que el romero (por citar alguna planta) tiene una serie de cualidades mágicas, pero ¿cuál es el origen de esto?

Hay una gran cantidad de plantas, frutos y raíces que tradicionalmente han tenido usos muy concretos, tanto en el mundo de la magia como fuera de este. Las propiedades mágicas suelen guardar una íntima relación con las propiedades físicas de la planta, así como con el folclore y la tradición que las rodea.

> **Las propiedades mágicas suelen guardar una íntima relación con las propiedades físicas de la planta, así como con el folclore y la tradición que las rodea.**

Tres de las cualidades mágicas del romero son la fuerza, la purificación y la protección; florece dos veces al año, tiene tallo leñoso, crece en todo tipo de suelos, se adapta a terrenos pobres o poco fértiles, es de los primeros arbustos en aparecer en zonas castigadas por el fuego o la tala… ¿Veis la relación? ¡Y eso que no hemos entrado en sus usos históricos y folclóricos!

A la hora de establecer correspondencias para los momentos del año, se tienen en cuenta las temporadas de cosecha, qué se acostumbraba a celebrar, cuáles eran los acontecimientos que tenían lugar por esas fechas…

SIGNIFICADO DEL MOMENTO

Fin de la época cálida, venerar a las personas difuntas, última cosecha, muerte y renacer, nuevos comienzos, noche, vínculo con la oscuridad, cambio.

COLORES

Negro, naranja, rojo, granate.

CRISTALES

Azabache

Protección, estabilidad, experiencias psíquicas, alivia miedos, control propio, equilibra emociones.

Cuarzo ahumado

Protección, dejar ir, pensamiento pragmático, toma de tierra, calma en momentos difíciles.

Diamante

Pureza, vínculos, amor, nuevos comienzos, imaginación, compromiso, riqueza, amplificación de energía, reduce miedos, claridad mental.

Obsidiana (negra)

Protección, escudo, verdad, claridad, expansión de la conciencia, trabajo de sombras, toma de tierra, gran poder, expone fallos, debilidades y bloqueos.

DE LA TIERRA

Calabaza
Agua - Tierra/Luna - Virgo
Prosperidad, crecimiento, fertilidad, creatividad, vitalidad, adivinación, transformación, muerte.

Castaña
Fuego - Júpiter
Abundancia, fertilidad, protección, toma de tierra, deseos, adivinación.

Crisantemo
Fuego - Sol
Protección, guarda, purificación, poder, energía, defensa contra espíritus no bienvenidos.

Estragón
Fuego - Sol/Marte - Aries
Sanación, protección, destierro, calma, amor, suerte.

Granada
Fuego - Mercurio
Abundancia, riqueza, salud, fertilidad, ofrenda a los espíritus.

Mandrágora (raíz)
Tierra/Fuego - Saturno
Fertilidad, protección, defensa, fortuna, sexualidad, energizar rituales, magia simpática.

Piñones
Aire - Saturno/Marte - Aries/Escorpio
Protección, sanación, fertilidad, prosperidad, exorcismo.

Ruda
Fuego - Marte/Saturno - Capricornio
Purificación, protección, buena suerte, exorcismo, guarda de malas energías y del mal de ojo.

Salvia
Aire/Tierra - Júpiter/Luna - Géminis
Protección, purificación, fuerza emocional, claridad mental, conocimiento.

Sándalo
Agua/Tierra - Luna - Tauro
Protección, deseos, sanación, espiritualidad, calma, meditación, exorcismo.

DEIDADES ASOCIADAS A LA FESTIVIDAD

Cualquier deidad o ser mágico que tenga estrechos vínculos con la muerte y el renacimiento, los cruces de caminos, lo oculto, el más allá o el cuidado de las almas puede ser considerada como «conectada» a esta festividad.

HÉCATE

Se presenta frecuentemente portando antorchas o una llave; las primeras representaciones de Hécate eran simples y la triplicidad de su imagen fue un atributo posterior. Ella, titánide de la mitología griega, es diosa de los límites: puertas, fronteras, cruces de caminos… Por su característica liminal, es una diosa del inframundo y considerada una deidad de la brujería. Su imagen se empleaba en las entradas de las ciudades para protegerlas (un uso parecido al de las hermas).

PERSÉFONE

Esta diosa de la mitología griega es hija de Zeus y Deméter y es también esposa de Hades. Cuando los escritos se refieren a ella como diosa de la vegetación y agricultura, podemos encontrarla nombrada como Kora, que significa «hija» y «doncella» (virgen). El mito de Deméter, Hades y Perséfone explica el cambio de las estaciones, el ciclo de vida y muerte que envuelve al mundo con el paso de estas. El retorno de la época oscura y fría es debido a que Perséfone visita a Hades en el inframundo.

HADES

Dios del inframundo en la mitología griega, es hijo de los titanes Cronos y Rea. Cuando Cronos fue derrotado, su reino se repartió entre sus hijos y a Hades le tocó el inframundo. Se describe a Hades como un dios severo, despiadado, distante y al que le gusta establecer prohibiciones y no lo conmueven rezos ni sacrificios. Es el único dios cuya residencia no está en el monte Olimpo. El inframundo es el sitio donde las almas iban y eran juzgadas; dependiendo de cómo hubiesen actuado en vida, serían destinadas a un lugar u otro.

LILITH

Esta figura femenina es considerada dentro de la mitología hebrea como la primera mujer de Adán y un demonio «primordial». Al haber sido creada del mismo barro que Adán, ella no lo obedecía y sería expulsada del Edén. Históricamente ha sido una figura llena de controversia y misterio, jugando un papel primordial en muchas ramas esotéricas. Algunas personas la consideran «la primera bruja» por su historia, características y atributos. Hoy en día es venerada por una gran variedad de brujas y demás practicantes de lo oculto.

ALTAR DE LA FESTIVIDAD

Para este momento del año suelo optar por un pequeño altar que preparo unos días antes y voy decorando poco a poco.

Tanto para este como para el resto de los altares que os propondré, recordad que los podéis adaptar como queráis. No hace falta disponer de un gran espacio ni realizar algo muy llamativo o elaborado. Es suficiente con decorar un rinconcito de vuestro espacio, elaborar un centro de mesa dedicado a la festividad, recoger un ramo de plantas de la temporada… Al fin y al cabo, se trata de representar el momento del año en el que nos encontramos en alguna zona de nuestro espacio mágico, a la vez que conectamos con el entorno y sus energías.

Me gusta incluir:

* *Elementos con los colores de la temporada (mantel, portavelas, platitos de ofrenda…).*
* *Fotografías de mis ancestras, del lugar donde vivieron, de los paisajes que visitaban o de cualquier otro elemento que las pueda representar y no tenga físicamente.*
* *Objetos y elementos que pertenecieron a mis ancestras o al lugar que habitaron, como, por ejemplo, tierra del pueblo de mi abuelo, para representarlas y venerarlas.*
* *Frutos de temporada, como calabazas, castañas o piñones, para representar el momento y la estación en que nos encontramos.*
* *Herramientas de adivinación, como la baraja de tarot que uso exclusivamente para comunicarme con mis antepasadas o el espejo que empleo para recibir mensajes.*
* *Huesos y seres preservados, para representar la muerte y el vínculo que queda entre nuestro plano y el de las almas que ya no están.*

Si queréis introducir estos elementos en vuestra práctica mágica, recogedlos de la manera más ética posible, de seres ya fallecidos que os encontréis por algún espacio natural, intentando no alterar el ecosistema de la zona.

TIRADAS DE TAROT

Para conectar con nuestras antepasadas

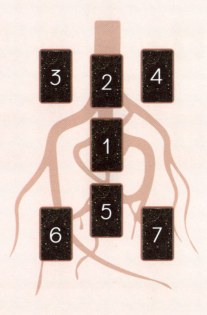

1. ¿Cómo me ven? ¿Qué figura desarrollo dentro de mi árbol genealógico?
2. ¿Qué energías poco positivas arrastro de generaciones anteriores?
3. ¿Qué aspectos creen que han sido transformadores para mí?
4. ¿A qué me estoy aferrando innecesariamente?
5. Consejo de las antepasadas para afrontar el siguiente año.
6. Advertencia de mis antepasadas sobre lo que sucederá.
7. Conocimiento oculto, guía.

Para saber más sobre esta época que se inicia

1. Vida: ¿qué debo energizar?
2. Muerte: ¿qué es mejor dejar de lado?
3. Fuerza: ¿cuál es mi mejor cualidad, aquella que me ayudará en esta época?
4. Debilidad: ¿qué miedo me impide avanzar?
5. Celebración: ¿qué llegará que es digno de celebrar?
6. Meditación: ¿sobre qué debo reflexionar?

Para cerrar ciclos

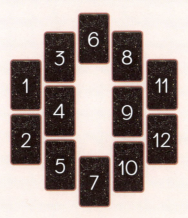

1. Mi posición actual, prioridades hasta el momento.
2. Deseos ocultos o no explorados que deberían descubrirse.
3. ¿Qué define la situación/el ciclo hasta ahora?
4. ¿Qué beneficios traerá pasar página?
5. ¿Qué precauciones debo tomar?
6. Nueva perspectiva, información desconocida.
7. Nueva perspectiva, consejo del más allá.
8. ¿Qué papel debería tener la magia en este proceso?
9. ¿Dónde tendría que centrar mis energías?
10. ¿Qué hará más fácil el camino?
11. ¿Qué prácticas he de explorar?
12. Augurio, cómo será el siguiente ciclo.

VELA DE OFRENDA

* *Vela morada (de cera natural)*
* *Manzana*
* *Granada*
* *Artemisa*
* *Miel*
* *Plato ignífugo*
* *Cuchillo*

Empezaremos cubriendo nuestra vela con una fina capa de miel. Para manipularla más fácilmente podemos calentar la miel un poco. Por encima, espolvorearemos artemisa para que se adhiera a la miel que acabamos de poner. Haremos un agujero del ancho de nuestra vela en la parte superior de la manzana, donde se encuentra el tallo, con ayuda de un cuchillo. Así convertimos la manzana en un portavelas de ofrenda. Colocaremos la manzana en el centro del plato, con la vela sobre ella. Encenderemos la vela y abriremos y desgranaremos con cuidado la granada. Mientras lo hacemos aprovecharemos para meditar un poco y dedicar la ofrenda a quien deseemos. Tal vez a una familiar que ha muerto recientemente, a todas nuestras ancestras en general… Podemos dedicarla únicamente de manera verbal o ponerla cerca de alguna fotografía u objeto de la persona. Dejaremos que la vela se consuma por completo y, luego, enterraremos todos los restos en algún lugar significativo.

INFUSIÓN DE INTUICIÓN

* *Artemisa*
* *Nuez moscada*
* *Anís*
* *Agua*
* *Taza (lila, morada)*

Tomaremos los ingredientes secos entre nuestras manos y los mezclaremos a pellizquitos. Los pondremos dentro de la taza y añadiremos agua hirviendo. Conforme reposa, infusiona y las hierbas caen al fondo, meditaremos con la taza entre las manos y estableceremos nuestra intención. Visualizaremos la gran energía intuitiva y adivinatoria de la infusión. Os recomiendo escribir un pequeño encantamiento dedicado a despertar la intuición para recitar en este momento. Acompañaos con música relajante o que despierte vuestro lado más místico. Después de unos cinco minutos, cuando las hierbas se hayan posado, beberemos dando pequeños sorbitos con los ojos cerrados. Podemos pensar entonces en aquellas decisiones que debemos tomar y que requieren de nuestra intuición. También podríamos concentrarnos en la energía del preparado, que entra al centro de nuestro cuerpo y se expande hacia cada rincón de nuestro ser.

DESTIERRO
(DE UNA PERSONA)

Dificultad: III

Tipo: magia simpática, defensa

Necesitaremos:
- *Granos de café*
- *Cayena*
- *Barro*
- *Mechero*
- *Bote de cristal con tapa*
- *Papel (o fotografía)*
- *Velo (blanco o negro)*

Después de hacer las protecciones pertinentes en nuestro espacio, nos cubriremos la cabeza y la cara con un velo. No es un aspecto imprescindible dentro de este hechizo, pero sí recomendable. Si la persona sobre la que estamos actuando intenta buscarnos y actuar mágicamente sobre nosotras, le será más complicado saber quién somos y trazar el origen del hechizo. Además de camuflar nuestra identidad, taparnos con un velo sirve como protección extra; solo hace falta intencionarlo correctamente.

Tomaremos una bola de barro, que puede ser recogido de algún espacio natural o comprado en una tienda de manualidades, y haremos un muñeco. Intentad no hacerlo demasiado pequeño para poder manipularlo bien. Cualquier forma que simule a la humana servirá para este trabajo, pero, si es posible, deberíamos intentar replicar las características físicas de la persona que queremos desterrar. Dentro de la cabeza del muñeco pondremos un papel que contenga tantos datos de esta persona como conozcamos: nombre, apellidos, fecha de nacimiento, signos de su carta astral… También podemos usar una foto de la persona con los datos anteriores escritos. No es imprescindible, pero sí recomendable, incluir un objeto de esa persona durante el ritual. Si se trata de pelo o algo pequeño como un anillo, lo podremos introducir dentro del muñeco; si el objeto es de mayor tamaño, como, por ejemplo, una bufanda, lo dispondremos sobre nuestro espacio de trabajo para ayudarnos a conectar la figurita con esta persona.

Abriremos el pecho del muñeco con los dedos, espolvorearemos un poquito de cayena dentro y lo cerraremos. Tomaremos cinco granos de café y los clavaremos sobre el pecho, las manos y las piernas del muñeco. Mientras añadimos estos elementos de destierro, debemos invocar su función; aquello que queremos que pase. Lo ideal es preparar previamente un escrito que hable de cómo echamos de nuestra vida a esa persona, de qué manera ha actuado para merecerlo, cómo nos ha hecho sentir… ¡Es imprescindible ponerle la energía correcta a este y todos los hechizos que realicéis! Acompañaos de música que despierte vuestra rabia, dolor o enfado para daros un pequeño empujoncito energético. Con una llama de mechero o similar, quemaremos los pies del muñeco para que la persona se vaya de nuestras vidas como si nuestro suelo le quemase los pies. Por último, encerraremos el muñeco en el bote, que podemos sellar con cera de vela, y nos desharemos de él en un cruce de caminos o al lado de unas vías de tren. Si puede ser, os recomiendo que ese lugar esté alejado de vuestro hogar y que los caminos de ida y de vuelta que toméis sean completamente distintos. Por favor, buscad un lugar seguro e ideado para los desechos (como un contenedor). ¡No dejéis hechizos tirados por ahí si no son orgánicos!

POR EL
SOLSTICIO
DE
INVIERNO

*Abenduko eguna,
argitu orduko iluna.*[4]

Las fiestas que rodean la fecha del solsticio de invierno se celebran alrededor del mundo por multitud de culturas y tradiciones distintas. Cabe decir que estas no siempre coinciden con el momento exacto del solsticio, puesto que, con el paso de los siglos y por diversos motivos, muchas culturas han establecido fechas fijas para sus festividades. El solsticio de invierno es el momento del año con la noche más larga y el día más corto. A partir de este evento, los días se volverán cada vez más claros, indicando el inicio del fin de la época oscura. Se celebra la luz que renace.

Este evento ha sido muy relevante a lo largo de la historia, e incluso en la prehistoria. El invierno traía consigo dificultades para alimentar al ganado, por lo que se solía sacrificar a los animales. También se disponía de las bebidas fermentadas que se habían preparado con antelación. El clima acompañaba a los momentos de reunión en espacios interiores, se consumía carne fresca y se bebía de lo que se pudiera disponer. En nu-

---

4   *El día de diciembre, / para cuando amanece ya oscurece. Atsotitza*, refrán popular euscaldún.

merosas épocas y culturas ha habido tradición de intercambiar regalos, y también encontramos a algún que otro personaje mitológico encargado de otorgar presentes.

Además del conocidísimo Santa Claus, hay muchísimos más seres que entregan regalos. En Catalunya es tradición el Tió: un tronco mágico al que se da refugio en el hogar cuando la familia lo encuentra por el bosque (o llega mágicamente a la puerta de casa) a finales de noviembre o principios de diciembre. Se coloca en un lugar agradable, se tapa con una manta y se le ofrece comida durante varias semanas: mandarinas, algún dulce… El Tió come y vigila a las personas de la casa. Si todo el mundo se ha portado bien, la Nit de Nadal o el Dia de Nadal (Nochebuena y Navidad, respectivamente) «cagará» dulces y regalos debajo de la manta cuando se le golpee con un bastón al ritmo de su canción. En la tradición de Euskal Herria encontramos al Olentzero, un carbonero que trae regalos por Navidad a los hogares del territorio. En Galiza está el Pandigueiro (o Apalpador), que es un carbonero que baja de las minas en Noiteboa o Noitevella (Nochebuena y Nochevieja, respectivamente) y comprueba que las criaturas hayan comido suficiente durante el año palpándoles el vientre. Si es así, les deja castañas y algún que otro regalo.

Como pasa con el resto de las festividades, hay diversas costumbres muy arraigadas por estas fechas. Pueden ser más o menos mágicas, pero siempre guardan un gran simbolismo y relación con el momento.

Se decoran los hogares con luces, dando la bienvenida a la luz que vuelve, o se pone en algún punto central de la casa un árbol de hoja perenne ornamentado.

Es tiempo de reunión con seres queridos, de intercambiar presentes y de marcar objetivos para el año siguiente.

Además, el solsticio de invierno y los días próximos a este tienen energías idóneas para llevar a cabo varios rituales y hechizos: abrecaminos, endulzamientos, rituales de renovación personal… Personalmente encuentro que también es un buen momento para purificar el hogar, meditar y practicar adivinación con velas. Mi excusa preferida para hacer magia son las comidas y cenas familiares. ¡Es muy sencillo convertirlas en un banquete mágico!

ENERGÍAS Y CORRESPONDENCIAS

SIGNIFICADO DEL MOMENTO

Renacer, transformación, luz en la oscuridad, gratitud, honor, renovación interior, regeneración, introspección, inspiración, silencio, misterios, nueva vida.

COLORES

Dorado, plateado, rojo, verde, blanco.

CRISTALES

Ágata
Estabiliza y asienta energías, equilibrio, armonía, adaptación, concentración, resuelve tensiones, elevación de la conciencia, crecimiento espiritual.

Cuarzo blanco
Armonía, protección, purificación, concentración, memoria, capacidades psíquicas, puede desarrollar casi cualquier función.

Moldavita
Elimina bloqueos, soluciones poco convencionales, acelera el crecimiento espiritual, potencia otros cristales, viajes espirituales, comunicación con el «yo» superior.

Turmalina (negra)
Purificación, limpieza, transformación, toma de tierra, equilibrio, sanación, inspiración, compasión, tolerancia.

DE LA TIERRA

Azafrán
Fuego - Sol - Leo
Fortuna, amor, deseo, fuerza, sanación.

Canela
Fuego - Sol/Venus - Aries
Espiritualidad, protección, amor, prosperidad, éxito, sanación, buena suerte.

Cardamomo
Agua - Venus - Aries/Libra
Amor, deseo, pasión, intimidad, vínculos.

Jengibre
Fuego - Marte - Aries/Sagitario/Escorpio
Sanación, energía, coraje, inspiración, manifestación, abundancia, amor, deseo, éxito.

Menta
Fuego/Aire - Marte/Mercurio - Libra/Tauro/Virgo
Prosperidad, protección, purificación, buena suerte, viajes, poderes psíquicos.

Muérdago
Aire - Sol - Sagitario/Capricornio

Amor, protección, vivacidad, esperanza, reconciliación, paz, divinidad, prosperidad, vida.

Nuez moscada

Fuego - Júpiter - Piscis/Leo

Salud, fidelidad, amor, abundancia, clarividencia, destierro.

Pino

Aire - Saturno/Marte - Aries/Escorpio

Protección, sanación, fertilidad, prosperidad, exorcismo.

Poinsettia

Agua - Sol

Comunidad, expresión, pasiones, regeneración, guía, exorcismo.

DEIDADES ASOCIADAS A LA FESTIVIDAD

En este momento del año en el que la luz renace, será protagonista cualquier deidad asociada al sol, a la luz y al renacer que guarde algún vínculo (o correspondencia energética) con el solsticio y sus celebraciones.

HELIOS

Este titán es la personificación del sol en la mitología griega. En la *Teogonía*, es hijo de Hiperión y Tea (titanes), hermano de Selene (la luna) y Eos (la aurora). Se le representa como un dios bello, cuya corona es la brillante aureola del sol. Montaba un carro tirado por caballos (o toros solares, depende de la persona que describiese al dios) con el que cabalgaba hasta el horizonte por el oeste y luego volvía a aparecer por el este.

JESÚS

Este predicador religioso es la figura central dentro de la tradición cristiana y es considerado hijo de Dios, pero también está presente en otras tradiciones religiosas como el islam (Isa es considerado un profeta muy importante, pero se rechaza su divinidad). La tradición cristiana sitúa su nacimiento en una fecha curiosamente cercana a la del solsticio de invierno: el 25 de diciembre. Su llegada al mundo simboliza el nacimiento de la luz, la llegada de la esperanza y los buenos tiempos… En esencia podemos decir que es una apología al solsticio, al retorno de la luz del día y a la próxima llegada de la primavera.

MARÍA

Según la tradición cristiana, la Virgen María es la madre de Jesús y concibió a su hijo de forma divina por milagro del Espíritu Santo. Es más que protagonista en estas fechas, porque será ella quien dé a luz (nunca mejor dicho) al hijo de Dios, a la luz que viene al mundo. Se trata de una figura de la fertilidad, los nacimientos, las bendiciones, los favores divinos y la voluntad de Dios. Dentro del cristianismo más folclórico y la brujería tradicional, se le dedican ofrendas y se le pide asistencia en trabajos mágicos relacionados con su energía y aquello que representa.

ALTAR DE LA FESTIVIDAD

Para el solsticio de invierno no suelo preparar un altar como os lo imagináis. En su lugar, prefiero crear rinconcitos con decoración y, luego, realizar altares temporales en momentos clave de las celebraciones de estas fechas. Por ejemplo, me gusta hacer que la mesa de la cena de este día sea un altar. Por eso, siempre intento incluir:

* *Velas blancas y rojas representando los colores de la festividad y la luz del sol que vuelve.*
* *Espacio para aquellas personas que ya no están dejando un sitio de la mesa sin ocupar, pero poniéndole vajilla y porciones muy pequeñas a modo de ofrenda (que posteriormente entierro).*
* *Tronco de algún tipo; desde un trozo de madera como centro de mesa hasta una tarta que simule su forma.*
* *Muérdago y poinsettias.*
* *Elementos rojos y dorados: servilletas, portavelas, copas, manteles…*
* *Hojas y ramas de especies perennes, generalmente en el centro de mesa.*
* *Intercambio de regalos de algún tipo, como, por ejemplo, postales decoradas a mano, entre las personas que asistan a la cena.*
* *Platos de cuchara y bebidas calientes en algún momento de la fiesta: crema de verduras, cocido, chocolate caliente, té de canela y miel…*
* *Un gran plato central que sea único hasta que se corten porciones (lasaña, quiche, pizza, algún ave guisada como, por ejemplo, un pollo…) para simbolizar la unión de aquellas personas presentes. Es decir, que no sea posible servirlo a cucharadas (como se hace con un cocido) ni que tenga porciones individuales (como ocurre con los huevos rellenos), sino que requiera ser cortado o dividido de alguna manera para consumirlo.*
* *Un discurso de bienvenida y agradecimiento antes de empezar la cena en el que cada persona exprese su gratitud por algún hecho sucedido en los meses anteriores.*

TIRADAS DE TAROT

Solución

1. ¿Qué no veo en el problema?
2. ¿Qué carta resume la esencia del problema?
3. ¿Cuál es el camino más rápido para solucionarlo?
4. ¿Cuál es la manera más beneficiosa para solucionarlo?
5. Advertencia respecto al problema.

Tirada general

1. ¿Qué me quita más energía?
2. ¿Qué tengo bajo control?
3. ¿Qué ha pasado los últimos meses?
4. ¿Cuál será la influencia más fuerte en los meses que están por llegar?
5. Respecto al hogar, ¿cuál será la energía predominante? ¿Algún acontecimiento futuro?
6. Esperanzas o miedos (dependiendo de la persona que pregunte).
7. ¿Qué sorpresas me esperan? ¿Hay algo que no haya previsto?
8. ¿Qué energías guardan los próximos meses?
9. Destino.

Año nuevo

De 1 a 12. Cada carta hace referencia a un mes del año, empezando por enero. Las cartas de este círculo mostrarán aquello más relevante del mes o un resumen de las energías que nos encontraremos.
De 13 a 24. Las cartas de este círculo exterior (una por cada una de las que ya estaban sobre la mesa) ofrecen advertencias relacionadas con lo que sucederá durante cada mes.
Se puede hacer un tercer círculo de doce cartas más (una por cada carta referente al mes) que aconseje cómo manejar las energías presentes, cómo actuar ante las situaciones que hemos visto en las cartas de advertencia…

Recomiendo tener un diario de las tiradas que hacemos, sobre todo si aquello sobre lo que preguntamos no es a corto plazo. Así es más fácil acordarse de todo y tener siempre presentes los consejos del tarot.

VELAS DEL SOLSTICIO DE INVIERNO

- *Vela roja*
- *Vela verde*
- *Vela blanca*
- *Vela dorada*
- *Muérdago*
- *Ramitas de pino*
- *Canela en rama*
- *Representaciones de lo que buscamos atraer*
- *Bandeja ignífuga (redonda)*

Empezaremos adhiriendo las cuatro velas cerca de los bordes de la bandeja, dejando la misma distancia entre cada una de ellas; como si fuesen los puntos norte, sur, este y oeste de una brújula. Nos podemos ayudar de otra llama para calentar ligeramente las bases de las velas. «Uniremos» las velas con las ramitas de pino y los trocitos de muérdago, terminando de cerrar el círculo que hemos empezado. En el centro de la bandeja pondremos un par de ramas de canela. Encima situaremos aquello que queramos atraer, algo que esperamos que mejore, algún problema que necesita de resolución… Puede ser un deseo escrito en un papel o también monedas para atraer fortuna. Encenderemos las velas de una en una conforme el sol se esconda en la tarde del solsticio y dejaremos que ardan hasta consumirse por completo. Podéis situar la bandeja como centro de mesa si hacéis alguna cena mágica y que cada persona asistente deje su deseo en el centro.

INFUSIÓN DE RENOVACIÓN

- *Caléndula*
- *Canela*
- *Clavo de olor*
- *Romero*
- *Miel (de azahar)*
- *Agua*
- *Taza (blanca)*
- *Colador de tela*
- *Cucharilla (de plata)*

Empezaremos mezclando una pequeña cantidad de cada hierba y pellizcando todo suavemente entre los dedos para liberar olores y esencias varias. Pondremos la mezcla dentro de un colador de tela y este lo situaremos en la taza. Tomaremos agua muy caliente y la verteremos poco a poco sobre el colador con los elementos de nuestra infusión. Mientras cae el agua visualizaremos cómo todo se impregna de una energía renovadora, sanadora y protectora. Envolveremos la taza con nuestras manos mientras esperamos a que todo infusione. Durante esos cinco minutos recitaremos algún encantamiento o escrito que tenga relación con la renovación o que explique qué queremos dejar atrás. Una vez que esté lista, retiraremos el colador de la infusión. Disolveremos una cucharadita de miel con la cucharilla de plata asegurándonos de hacer ruido al remover. Luego, beberemos la infusión mientras meditamos sobre la renovación que queremos. Es recomendable hacer este preparado al amanecer después de la noche del solsticio de invierno.

ABRECAMINOS

Dificultad: II

Tipo: magia tradicional, eliminación de bloqueos

Necesitaremos:
- *Vela blanca*
- *Vela negra*
- *Cebolla*
- *Hiedra*
- *Cardo*
- *Laurel*
- *Tierra fértil*
- *Saquito de fibras naturales*

Si es posible, realizaremos este hechizo descalzas y con los primeros rayos del amanecer. El primer paso es partir la cebolla en forma de flor, cortando gajos desde uno de los extremos para que se abra, pero que no terminen de separarse. La pondremos en el centro de nuestra mesa o altar y visualizaremos cómo nos purifica y elimina bloqueos (sobre todo, sentimentales). A la izquierda de la cebolla, encenderemos la vela blanca y, a la derecha, la vela negra.

Visualizaremos cómo la primera se encarga de purificar, energizar y abrir nuevos caminos y cómo la segunda absorbe aquello que bloquea nuevas oportunidades o nos impide avanzar. En el centro de la cebolla pondremos la hiedra, el cardo y tres hojas de laurel mientras invocamos su energía protectora y su capacidad para romper trabajos mágicos que nos hayan hecho y les pediremos que nos muestren nuevos caminos. Es importante estar en el estado correcto, energéticamente hablando. Meditad sobre nuevas oportunidades, poned música que os evoque aquello que queréis obtener con estos nuevos caminos (viajes, oportunidades laborales…), recitad algún encantamiento específico para vuestra intención…

Cuando las velas se hayan consumido, cerraremos la cebolla manteniendo las hierbas en su interior y la pondremos dentro del saco de fibras naturales. Añadiremos un poco de tierra fértil dentro e iremos a enterrarlo cerca de algún camino natural que conozcamos que sea transitado o importante. El lugar ideal será al lado de un camino principal, rodeado de tierra fértil y vegetación abundante, que se ramifique más adelante en otros diferentes.

ENTRE
INVIERNO
Y
PRIMAVERA

Ha arribat el Carnestoltes
i el febrer s'ha disfressat.
S'ha posat una carota
de marçot esvalotat;
s'ha guarnit amb vel de pluja
—com si fos el maig mateix—
i amb una faldilla llarga
feta de tarda que creix.

Malgrat la seva disfressa,
no podrà enganyar la gent
si no s'afegeix dos dies.
i els fruits a casa guardats.[5]

Joana Raspall,
Ai, febrer, que ets innocent!

---

5 *Ha llegado el Carnestoltes* [nombre de la fiesta «Carnaval» y a su vez nombre del personaje Rey del Carnaval] */y febrero se ha disfrazado/Se ha puesto una máscara* [fea, con alguna expresión grotesca] */de «marzote» alborotado;/se ha guarnido con velo de lluvia/ —como si fuera el mismo mayo—/y con una falda larga hecha/por la tarde que crece.//A pesar de su disfraz/no podrá engañar a la gente/si no se añade dos días.*

Anunciando el tramo final de la época oscura están las festividades que envuelven el primer día de febrero. Dependiendo del sistema de creencias o la tradición en la que nos fijemos, es este realmente el momento del año en el que comienza a llegar la primavera (y no en el equinoccio con el mismo nombre).

Dentro del gran ciclo celta del que os hablaba en las primeras páginas del libro, Imbolc es la última de sus festividades. En la tradición celta, en esta etapa del ciclo, se realizaban encuentros de jóvenes y matrimonios de prueba por sorteo (que duraban un año y luego se podían deshacer). Pese a que nuestra división del ciclo anual y la suya sean algo diferentes, el significado y simbolismo de las fiestas de estas fechas sigue siendo muy similar. Estas celebraciones tienen como finalidad despertar al sol del invierno y favorecer la fertilidad y la purificación antes de la llegada oficial de la primavera. Entre ellas encontramos la Candelaria, San Valentín, Carnaval, Lá Fhéile, Calan Myri…

> **Luces, fiesta, pasión y locura son algunas de las palabras que resumirían los eventos de este tiempo. Son muchas las culturas (y las mezclas culturales) que han dado lugar a lo que hoy en día celebramos.**

La Candelaria (o Candelera) fue instituida en el siglo v como sustituta de la Lupercalia y sus vestigios. Así se borraron, a golpe de misterio cristiano, las «profanaciones e infamias» que cometían los paganos en el monte Palatino cuando honraban al dios Pan acompañados de antorchas.

El Carnaval y sus «leyes» también tienen algo que ver con el cristianismo. El calendario estaba plagado con eventos litúrgicos importantes, en especial en esta mitad del año. Adviento, Epifanía, Navidad, Cuaresma, Semana Santa, Pascua... Cada tiempo además tenía sus propias normas de conducta, y no destacaban por ser permisivas. Por lo tanto, durante unos cinco meses al año, la sociedad del momento estaba sometida a una serie de reglas añadidas. Después de Navidad y antes de la Cuaresma se encontró el momento ideal para dejar que el pueblo respirase durante unos días. En la semana de Carnaval era común ver disfraces y vestimentas que en otra ocasión hubieran sido incluso penados. Se aprovechaba para comer y beber, la justicia parecía flexibilizarse y la «locura» estaba permitida. Al terminar esta semana empezaría el tiempo restrictivo de la Cuaresma, pero ya no ahogaba al pueblo de la misma manera, puesto que antes se le había permitido respirar.

A lo que a costumbres se refiere, además de aquellas carnavalescas, hay unas cuantas que podemos mencionar. Es una época perfecta para purificar el hogar antes de primavera y de paso hacer una limpieza física en profundidad. Con la llegada progresiva de la calidez, cuando el tiempo invita a salir de casa, es el tiempo ideal de plantar flores y cuidar el jardín o las macetas de casa. Personalmente, como en febrero ya han salido algunas flores, me encanta dar paseos y elaborar pequeños ramilletes para decorar mi espacio. Creo que es muy buena época para hacer magia relacionada con las relaciones que necesiten un empujoncito y con la fertilidad y los embarazos. También es tiempo de adivinar con fuego, pero, si no tenéis posibilidad de encender una hoguera de manera segura, podéis usar una vela. ¡Si tiene la mecha de madera, mejor!

ENERGÍAS Y CORRESPONDENCIAS

SIGNIFICADO DEL MOMENTO

Concepción, iniciación, creatividad, llegada del sol, última parte del invierno, perspectivas, preparación, renovación, luz, placeres.

COLORES

Rosa, rojo, naranja, blanco, amarillo (pastel).

CRISTALES

Amatista
Paz, relajación, espiritualidad, intuición, recuerdos, sueños, equilibrio emocional, meditación, protección de la mente.

Citrino
Felicidad, purificación, regeneración, energía, creatividad, protección, intuición, abundancia, manifestación, superación de los miedos.

Rubí
Abundancia, riqueza, pasión, vitalidad, energía, estimulación, equilibrio, motivación, protección.

Turquesa
Purificación, protección, bienestar, sanación, sintonía, fortaleza, calma, estabilidad emocional.

DE LA TIERRA

Diente de león
Aire - Júpiter/Sol - Piscis/Sagitario
Deseos, equilibrio, creatividad, ancestras, más allá, sueños proféticos, destierro, superar malos hábitos.

Hierba doncella
Agua - Venus - Cáncer
Suerte, amor, fidelidad, matrimonio, paz en el hogar, protección contra el mal de ojo, vínculo con el otro lado.

Laurel
Fuego - Sol - Leo
Protección, éxito, sanación, creatividad, desarrollo, evita la negatividad.

Manzanilla
Agua - Sol - Leo
Sueño, calma, protección, meditación, buena suerte, quita hechizos.

Margarita (amarilla)
Agua - Sol/Venus - Acuario/Tauro
Felicidad, inocencia, suerte, amor, paz, abundancia, pureza, amistad.

Oliva
Fuego - Sol
Protección, sanación, armonía, sabiduría, abundancia, conexión con divinidades y ancestras.

Romero
Fuego/Aire - Sol - Leo
Purificación, protección, revitalización, memoria, fuerza, amor.

Sauce
Agua - Luna
Fertilidad, sanación, amor, fidelidad, habilidades psíquicas, protección, duelo, renacer.

DEIDADES ASOCIADAS A LA FESTIVIDAD

Hay infinidad de deidades que guardan algún vínculo con este momento del año. En este gran grupo están las deidades jóvenes, generalmente vírgenes, relacionadas con el crecimiento, el amor, los cultivos, el ganado, el trabajo, el sol, la fertilidad o la tierra.

BRIGID

Es una diosa de la Irlanda precristiana. En el *Sanas Cormaic* se la describe como diosa de los poetas y una mujer sabia y protectora. Se la asocia con la sabiduría, la poesía, la sanación, la forja y el ganado. Además, se le atribuye la invención de un silbato usado para viajar de noche. La fiesta cristiana actual de Santa Brígida de Kildare coincide con el primer día de febrero, fecha establecida para Imbolc.

DIANA

Esta diosa virgen de la mitología romana, y también del helenismo, es considerada patrona de los bosques, la naturaleza, la caza, los partos, la noche y la luna. Guarda paralelismo con la diosa griega Artemisa. Es también considerada diosa de las brujas en ciertas ramas del neopaganismo (creencia proveniente de *Aradia, or The Gospel of the Witches*, de C. Leland, 1899). Existen representaciones donde Diana es venerada como un aspecto dentro de la triplicidad de *Diana triformis*, Diana, luna y Hécate; unidad de la cazadora sagrada, la diosa de la luna y la del inframundo.

VENUS

Es una diosa romana asociada al amor, la belleza y la fertilidad. Tiene una equivalencia parcial a la diosa griega Afrodita. En su mitología, Venus es hija de Júpiter y Dione y también diosa de la primavera. Se casó con Vulcano (dios del fuego) y tuvo un hijo, Cupido, cuyo padre varía dependiendo del relato. Venus representa cualidades relacionadas con la sexualidad, el amor, la belleza y la seducción femenina. Hoy en día todavía se le hacen ofrendas y se pide su asistencia en rituales de fertilidad, endulzamientos o incluso elixires de amor.

CUPIDO

Según la mitología romana, Cupido es hijo de Venus. Se le adjudican diversos padres, pero la versión más extendida relata que es hijo de Marte. Cicerón hace distinción de Cupido (hijo de la Noche y de Erebo) y de Amor (hijo de Júpiter y Venus). Otros mitos atribuyen la paternidad a Mercurio (el mensajero alado de los dioses). Las representaciones más actuales son de un bebé alado, armado con arco y flechas, aunque su forma ha tenido diversas variantes a lo largo de la historia. A veces portaba armadura como Marte, tal vez estableciendo paralelismos entre el amor y la guerra o estableciendo que el amor es invencible. Sus flechas son capaces de despertar pasiones y de provocar amor u olvido.

ALTAR DE LA FESTIVIDAD

Los elementos que emplearéis para crear un altar en el mes de febrero son muy diversos. Podéis dedicarlo a la festividad en general o a alguna de sus partes; la que más os interese atraer o con la que os apetezca conectar.

* *Vela blanca o amarilla que esté encendida de manera perpetua hasta que se consuma por completo.*
* *Guirnalda de flores blancas.*
* *Representaciones o símbolos de las deidades con las que queramos conectar o venerar (cruz de Brigid, arco y flechas de Cupido…).*
* *Plantas vivas o macetas para plantar semillas (mejor si las semillas son de alguna planta cuyas propiedades queráis atraer). Yo suelo pintar las macetas con colores relacionados con la estación e incluyo motivos y símbolos mágicos en los diseños.*
* *Tejidos naturales, sobre todo de lana (si es posible, hechos a mano) decorando la superficie, a modo de mantel o tapete.*
* *Comida típica del momento; en mi caso suele ser una pequeña pieza de embutido que pongo como ofrenda el Dijous Gras (Jueves lardero o Jueves gordo).*

TIRADAS DE TAROT

Corazón

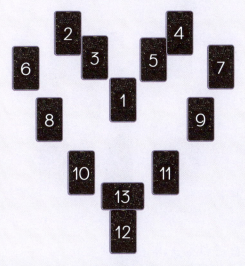

1. Yo ahora (sentimentalmente hablando).
2. Lo que me cuesta aceptar de mis relaciones.
3. Cómo lo oculto.
4. Lo que estoy atrayendo actualmente.
5. Lo que verdaderamente necesito.
6. Sombras que debo trabajar.
7. Partes de mi persona que he de potenciar.
8. Puntos ciegos, aspectos que paso por alto.
9. Heridas que sanar.
10. Herramienta o consejo para sanarlas.
11. Posible futuro próximo amoroso (semanas o meses).
12. Advertencia, obstáculo del camino.
13. Desenlace, deseo a largo plazo, objetivo.

Predicción

1. ¿Cómo ha ido hasta ahora?
2. ¿Qué está por venir?
3. Semillas. ¿Qué puedo plantar? Proyectos nuevos, qué iniciar…
4. Agua. ¿Qué debería regar? Partes de mi vida que darían grandes frutos si les prestase más atención.
5. Fruta. ¿Qué recogeré? Resultado de 3 y 4; llegará antes del Imbolc siguiente.
6. Predicción para la próxima luna llena.
7. Predicción para la próxima luna nueva.
8. Predicción para antes del equinoccio de primavera.

Parejas

1. ¿Cómo es la persona que consulta dentro de la relación?
2. ¿Cómo es su pareja?
3. ¿Cuál es su historia, aquello que las une?
4. ¿Cuál es el mayor reto al que se están enfrentando (o se enfrentarán en un futuro cercano)?
5. ¿Qué energías o cargas de la vida de la consultante influencian el vínculo?
6. ¿Qué energías o cargas de la vida de la otra persona influencian el vínculo?
7. Consejo para el bienestar de las personas que conforman la pareja.
8. Consejo para el bienestar y la estabilidad del vínculo.
9. ¿Qué papel debería desarrollar la magia dentro del vínculo?
10. ¿Qué elementos externos pueden llegar a afectar al vínculo?

VELA DE PLACERES

- *Vela roja*
- *Pétalos de rosa (roja)*
- *Madreselva*
- *Cardamomo*
- *Semillas de manzana (molidas)*
- *Alfiler*
- *Portavelas (rojo)*

Empezaremos tallando sobre la vela los placeres que queremos atraer a nuestra vida, desde la mecha hacia la base. Calentaremos el exterior de la vela con ayuda de otra llama (de un mechero, de otra velita…). A la vez, iremos prensando sobre nuestra vela todos los elementos: rosa, madreselva, cardamomo y semillas de manzana. Lo haremos con cuidado de no partir la vela, pero también con suficiente fuerza como para que se adhieran correctamente. Este proceso lo podemos acompañar con música o canciones que nos evoquen esos placeres que queremos experimentar. Una vez que hayamos vestido la vela, la pondremos sobre el portavelas y la encenderemos. Mientras arde, visualizaremos aquello que queremos obtener. También podemos recitar algún encantamiento relacionado con nuestra intención o aquello concreto que deseamos atraer o situar algún arcano del tarot que tenga vínculo con la energía que buscamos. Fijaos bien en cómo arde la vela, en cómo cae la cera y en qué poso deja al consumirse por completo; sobre todo, si queréis conocer cómo llegarán esos placeres a vuestra vida.

INFUSIÓN DE SOL

- *Anís*
- *Manzanilla*
- *Clavo de olor*
- *Ralladura de medio limón*
- *Cinco rodajas de limón*
- *Miel*
- *Agua*
- *Cazo*
- *Cucharón*
- *Taza (tonos dorados, amarillo)*

Realizaremos esta infusión cerca de una ventana por la que entre la luz del sol, a ser posible. Tomaremos un cazo pequeño con agua y la llevaremos a ebullición. Cuando esté hirviendo, bajaremos el fuego al mínimo como para que siga burbujeando suavemente. Pondremos un puñado de anís fresco, otro de manzanilla, cinco clavos de olor y la ralladura y las rodajas de limón. Removeremos de manera constante durante diecinueve minutos. En ese momento debemos intencionar nuestro preparado con energía brillante, fuerte, cálida, alegre… No dudéis de poner música que acompañe al proceso. Pasado el tiempo indicado, apartaremos el cazo del fuego y dejaremos que las hierbas se posen al fondo. Llenaremos nuestra taza con ayuda de un cucharón, tomando infusión de la parte superior del cazo para evitar coger las hierbas del poso. Recomiendo beber este preparado en algún lugar soleado, a poder ser por la mañana.

ABRECAMINOS

Dificultad: II

Tipo: magia de amor, mejorar situaciones

Necesitaremos:
- *Miel*
- *Madreselva*
- *Extracto de vainilla*
- *Canela*
- *Milenrama*
- *Objeto de cada persona involucrada en la relación que se quiere endulzar*
- *Olla*
- *Agua*

En cualquier hechizo es importante transmitir la energía correcta. Si nosotras formamos parte de la relación que estamos endulzando (sea romántica, de amistad, familiar…), tenemos que intentar aparcar el enfado o resentimiento que sintamos hacia la otra persona para aportar todo el cariño y la dulzura que el hechizo requiere. Antes de empezar, intentad recordar cómo os sentíais en esa relación antes de que las cosas se torciesen; el amor, los gestos amables y las buenas palabras que os decíais. Cread una atmósfera mediante iluminación, olores y sonidos que acompañen a la dulzura que necesitáis depositar en el hechizo.

Llenaremos una olla de agua y la haremos hervir a fuego lento. Pondremos seis cucharaditas de miel, seis gotas de extracto de vainilla, seis ramitas de madreselva, seis pellizcos (o pedazos) de canela y seis ramilletes de milenrama.

Luego, será el turno de introducir en la olla los objetos personales de cada una de las personas componentes del vínculo. Puede ser una joya, un poco de cabello, una pieza de ropa… ¡Tened en cuenta que debe poder resistir los 100 ºC del agua en ebullición! Estos objetos representarán a dichas personas durante el hechizo, y ellas se endulzarán conforme se «infusionen» con el resto de los elementos.

Mientras removemos podemos recitar un encantamiento relacionado con nuestra intención, leer la primera carta de amor que se escribió la pareja o meditar con la canción que se dedicaron. Os recomiendo que os toméis vuestro tiempo; relajaos, personificad ese amor, bailad, cantad…

Al terminar, apagad el fuego y dejad que repose todo. Cuando el contenido de la olla esté a temperatura ambiente, vertedlo sobre tierra fértil (idealmente regando alguna planta relacionada con el amor o la dulzura). Será entonces cuando podréis recuperar los objetos que introdujisteis anteriormente. Personalmente, yo siempre los lavo, pero no los purifico para que conserven la energía que he depositado en ellos y en las personas a las que pertenecen. También hay practicantes que prefieren enterrar los objetos en el mismo sitio donde regaron y nunca los vuelven a usar.

EL
EQUINOCCIO
DE
PRIMAVERA

Dixo o pastor a febreiro:
«Febreiro febreirudo,
chántame os narices
no ollo do cu».
E febreiro respondeulle:
«Cala, pastor azamarrado,
que con vinteoito días que eu teño
e tres que me prestará meu
irmán marzo
non ha quedar ovella con pelella
ni can con rabo
ni pastoriño azamarrado».[6]

Las fiestas que se celebran en las fechas próximas a este momento del año son unas de mis preferidas (puede que sea porque también celebro mi cumpleaños). La llegada de la primavera trae consigo el renacer de la tierra, de los animales y de la vida en general.

---

6   *Dijo el pastor a febrero:/«Febrero, febreirudo,/me clava las narices/en el ojo del culo»./Y febrero le respondió:/«Calla, pastor descuidado,/que con veintiocho días que yo tengo/y tres que me prestará mi hermano marzo/no quedará oveja con piel/ni perro con cola/ni pastorcito descuidado».* Refrán gallego.

Eostre, Alban Eilir, Ostara, Pascua, San José, San Patricio, Bacchanalia… Si hay algo que me encanta de los festejos del equinoccio y los días cercanos es la enorme variedad de maneras que existen para celebrar la llegada de la primavera.

En la tradición cristiana (particularmente, la católica romana), el calendario tiene su eje central en la muerte y resurrección de Cristo. La Pascua y, por lo tanto, la Semana Santa son eventos móviles; no tienen una fecha fija. Eso sí, siempre se celebran en los inicios de primavera. La fecha del Domingo de Resurrección es el primer domingo después de la primera luna llena de primavera, pero sin que coincida con otra luna llena (porque a esta fase lunar se le asocian fuerzas malignas). En este día, el Domingo de Resurrección, Jesús vuelve a la vida; «la luz renace». ¿Veis por dónde voy? En infinidad de culturas hay algún evento en el calendario cuyo objetivo es conmemorar que la luz, la vida y la primavera han regresado un año más.

El equinoccio de primavera suele ocurrir alrededor del día 20 o 21 de marzo. En estos días, el sol abandona su posición en Piscis y entra en Aries, dando así inicio al año nuevo astrológico. Muchas practicantes consideran este momento (y no la festividad del primer día de noviembre) como el año nuevo brujil. A mí, personalmente, me gusta celebrar tres años nuevos distintos. Cada uno guarda energías diferentes y lo encuentro emocionante a la vez que enriquecedor.

Las costumbres para dar la bienvenida a la primavera son muy diversas y tienen bastante relación con las fiestas de las zonas en las que han aparecido. Se hacen hogueras que purifican y renuevan, se realizan limpiezas primaverales, tienen lugar actividades al aire libre… En el día señalado (ya sea el del equinoccio o el día principal de la fiesta que se esté celebrando), muchas personas eligen estrenar ropa para recibir de manera pura este cambio. Los huevos tienen un gran papel en las fiestas de primavera; simbolizan fertilidad y nacimiento. Se cuecen y decoran, e incluso se incluyen en dulces tradicionales (como las monas de Pascua) de manera decorativa. En algunas zonas existe el personaje del conejo de Pascua, que esconde huevos decorados, por lo general hechos de chocolate, en el jardín o algún espacio natural. Las personitas más jóvenes de la casa son las encargadas de ir a buscar los huevos, y a veces esto se convierte en una competición para ver quién consigue más. Al fin y al cabo, todas son costumbres y tradiciones que representan la llegada de la primavera, los animales, el sol y la época fértil.

ENERGÍAS Y CORRESPONDENCIAS

SIGNIFICADO DEL MOMENTO
Primeros brotes, florecer, vida, sexualidad, espíritu, fertilidad, comienzo, fuerza, parto, renacer.

COLORES
Verde claro, verde césped, azul celeste, amarillo, rosa, tonos pastel, dorado.

CRISTALES

Aguamarina
Coraje, calma, relajación de la mente, tolerancia, apoyo, percepción, comunicación, sensibilidad, intuición, clarividencia, protección del aura.

Calcedonia
Hermandad, estabilidad, buena voluntad, alegría, reflexión interna, armonía del cuerpo y la mente, disipa las energías negativas.

Jaspe (rojo)
Protección, unificación, comunidad, honestidad, tranquilidad, plenitud, apoyo, alineación, coraje, determinación, pasión.

Ópalo
Protección, originalidad, autoestima, creatividad, visiones, amplificación, amor, deseo, ayuda a expresar emociones.

DE LA TIERRA

Aliso
Fuego/Agua - Neptuno - Piscis
Equilibrio, decisiones espirituales, adivinación, profecías, intuición, seres feéricos, evolución, resurrección, éxito.

Fresa
Agua - Venus - Escorpio
Amor, felicidad, paz, suerte, amistad, éxito.

Jazmín
Agua - Luna - Cáncer
Amor, seguridad, relajación, meditación, purificación, sueños proféticos.

Narciso
Agua - Venus
Amor, compromiso, fidelidad, suerte, abundancia, nuevas relaciones, renovación, renacer.

Rosa
Agua - Venus - Tauro
Amor, belleza, pasión, energía positiva, buena fortuna, satisfacción, inocencia, verdad.

Tanaceto
Agua - Venus - Escorpio

Salud, longevidad, renacer, muerte, trabajo con espíritus, ofrenda a ancestras, protección contra personas y espíritus no deseados.

Trébol
Tierra/aire - Mercurio

Éxito, prosperidad, protección, amor, fidelidad, exorcismo, amuleto, habilidades psíquicas.

Tulipán
Tierra - Venus - Virgo

Prosperidad, protección, amor, atracción, adivinación, purificación.

Violeta
Agua - Venus - Libra/Piscis

Sueños, protección, sanación, habilidades psíquicas, crecimiento espiritual.

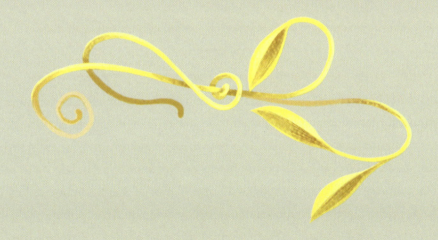

DEIDADES ASOCIADAS A LA FESTIVIDAD

La llegada de la primavera tiene vínculos con numerosas deidades por todo lo que este cambio estacional representa. Deidades jóvenes, vírgenes, relacionadas con la fertilidad y el amor; también aquellas asociadas a la música, a la renovación, al ganado…

AFRODITA

La diosa griega del amor sexual y la belleza nació de la espuma de mar que generaron los testículos de Urano cuando su hijo Cronos los lanzó al mar. Afrodita era venerada como diosa del mar y de la navegación y en ciertos lugares, como Esparta, también se la conocía como una diosa de la guerra. Su unión con Hefesto (dios del fuego y la forja) no fue ideal y tuvo aventuras con numerosos dioses (como Ares) y mortales (como Adonis).

ĒOSTRE

Es una deidad primaveral germánica y su denominación tiene diversas versiones dependiendo del idioma o dialecto. Su nombre es homónimo de la fiesta de Pascua en algunos idiomas (*Easter*). En *De temporium ratione*, un tratado escrito en latín medieval en el año 725 por un monje de Northumbria llamado Bede, se describe cómo se celebraban banquetes durante el mes de abril en honor de Ēostre. Estas celebraciones entraron en decadencia y desaparecieron posteriormente, sustituidas por la instauración del tiempo pascual a manos del cristianismo.

ADONIS

Esta figura de la mitología griega es un joven de gran belleza. Según la explicación más popular, nació del incesto entre su madre, Mirra, y su abuelo (el padre de Mirra) el rey Tías (o Cíniras). Toda su existencia es una gran historia, a veces algo enrevesada y con diversas versiones que os animo a conocer. La idea central de Adonis y su mito es su muerte y resurrección, que simbolizan la muerte de la naturaleza cuando empieza la época fría y oscura y su posterior vuelta a la vida.

MORANA

Es una diosa eslava que está asociada con el invierno, la agricultura y sus etapas y la muerte y el renacer que trae consigo el paso de las estaciones. Su nombre tiene variantes dependiendo de la zona (Marzanna, Mara, Morena…). Fuentes como el *Mater Verborum* la comparan con Hécate, asociándola así con la liminalidad y el esoterismo que envuelve a la deidad griega. Es tradición hacer una efigie de esta diosa a finales del mes de marzo (días 20 o 21) y quemarla o «ahogarla». Este acto simboliza el fin del invierno y asegura la fertilidad de los campos durante la siguiente temporada agrícola.

ALTAR DE LA FESTIVIDAD

Cuando llega la primavera me emociono por los platos de temporada que se pueden preparar. Acostumbro más a hacer algún pícnic o banquete mágico, o unirme a las fiestas populares que se celebren, antes que preparar un altar. De cualquier manera, independientemente de lo que haga, hay ciertos elementos que intento incluir siempre.

- *Brotes frescos, en una ensalada, por ejemplo.*
- *Huevos para representar la fertilidad y el nacimiento; generalmente cocidos para conservar la yema anaranjada intacta.*
- *Infusión de jengibre y miel, como ofrenda o bebida.*
- *Panecillos dulces con mermelada o compota.*
- *Ramos de flores, o flores comestibles, de temporada.*
- *Caramelos o golosinas.*
- *Alguna representación de mariposas: en el estampado del mantel, en una postal que decore mi espacio…*
- *Música que me inspire «primavera» o «magia», algo folclórico y festivo.*

TIRADAS DE TAROT

La hoguera

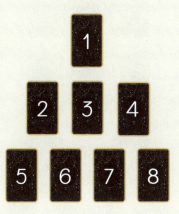

1. ¿Qué parte mía he de dejar brillar?
2. ¿Cómo puedo hacerlo?
3. ¿Qué placeres debo descubrir?
4. ¿Qué me puede aportar alegría que estoy ignorando?
5, 6, 7 y 8. ¿De qué tengo que deshacerme y quemar para poder dar energía a lo anterior?

Puentes

1. ¿Hay alguna promesa que hice antes de nacer?
2. ¿Cómo se refleja esto en mi vida actual?
3. ¿Qué cosas puedo hacer florecer?
4. ¿Qué fuegos puedo extinguir?
5. ¿Qué sabe mi subconsciente que mi yo consciente no conoce?
6. ¿Qué debería olvidar mi yo consciente?
7, 8 y 9. Relaciones entre las cartas situadas a ambos lados.

Para conocer mejor un obstáculo

1. ¿Cuál es mi mayor reto actualmente? (o en un futuro próximo).
2. ¿Qué lo ha provocado?
3. ¿Quién está detrás de todo?
4. ¿Cuál es mi posición dentro de esta situación?
5. ¿Cuál es el mejor punto de apoyo para superarlo?
6. Consejo, advertencia.
7. Resultado.

VELA DE AMOR PROPIO

- *Velón rosa*
- *Semillas de pera molidas*
- *Pétalos de rosa (rosas)*
- *Pétalos de margarita*
- *Miel*
- *Aceite de almendras*
- *Vela blanca*
- *Cuarzo rosa*
- *Ópalo*
- *Plato ignífugo*
- *Cucharilla*

Esta vela no está pensada para quemarse de una sola vez, sino para encender su llama cuando necesitemos de su energía —y apagarla cuando no sea preciso—. Pondremos el velón tumbado sobre una superficie protegida. En primer lugar, encenderemos la vela blanca. Vestiremos el velón rosa colocando una mezcla de pétalos de rosa, margarita y polvo de semillas sobre su parte exterior y luego sellaremos todo derramando un poco de cera de la vela blanca por encima. Iremos girando el velón, poniéndole los elementos y derramando cera hasta que toda la parte exterior quede cubierta. Templaremos la miel para que sea más fácil de manipular y nos ayudaremos de una cucharilla para derramarla poco a poco sobre el velón haciendo hilitos. Por último, situaremos el velón de pie y dejaremos caer unas gotas de aceite de almendras sobre la mecha (para que se derramen solas hasta la base). Pondremos nuestro velón sobre el plato, junto con el cuarzo rosa y la pieza de ópalo. Prepararemos alguna pequeña oración o encantamiento para cuando encendamos el velón y lo recitaremos mientras meditamos, nos miramos en un espejo, nos arreglamos… Al terminar, lo apagaremos y cubriremos con un paño de algodón (sobre todo, para que no se ensucie).

INFUSIÓN DE FERTILIDAD

* *Flor de azahar*
* *Hinojo*
* *Tila*
* *Leche de almendras*
* *Agua*
* *Tetera*
* *Taza (verde, blanca)*
* *Saquito de tela*

Recordad que las plantas no sustituyen los tratamientos médicos. No ignoréis las recomendaciones de vuestra profesional de la salud para hacer preparados mágicos. Si sufrís de alguna enfermedad, estáis posiblemente embarazadas o tomáis algún tipo de medicación, ¡consultad antes de ingerir ningún preparado! Sobre todo, si es la primera vez que lo vais a tomar. Una alternativa si no podéis beber ciertas infusiones es prepararlas como propongo, pero dentro de un cazo a fuego lento con algo más de agua para que los vapores inunden vuestro hogar mientras lo dejáis hervir un par de horas.

Si es posible, prepararemos esta infusión con los rayos del amanecer. Dentro de una taza pondremos agua muy caliente, sin llenarla, y nuestras hierbas (mejor si son frescas). Dejaremos que repose unos minutos mientras intencionamos el preparado manteniendo la taza entre nuestras manos y recitando alguna frase o encantamiento. ¡Incluso el nombre de la futura criatura si ya se ha pensado! Si la bruja no es la persona que desea quedarse embarazada, ambas deben estar presentes y activas en este proceso. Cuando haya infusionado y las hierbas hayan caído al fondo de la taza, añadiremos un poco de leche de almendras hasta terminar de llenarla (sin revolver el poso de la infusión). La persona que desea el embarazo debe beber el preparado y, luego, tomar las hierbas del fondo de la taza y meterlas en el saquito de tela. El saquito se dejará secar, pero después deberá estar cerca de la persona que quiere quedarse embarazada.

PARA BUENOS CULTIVOS

Dificultad: II

Tipo: magia tradicional, ofrenda

Necesitaremos:
- *Leche (de origen animal)*
- *Cáscara de un huevo*
- *Mortero*
- *Agua*
- *Jarra*
- *Vaso*

Actualmente no es necesario que nuestras propias tierras den frutos que nos permitan comer durante el invierno. Por lo general, en la actualidad, muchas de nosotras no tenemos «tierras» más allá de las macetas del balcón (o un trocito de jardín). Por este motivo, este pequeño ritual llama a la fertilidad de cualquier tierra. En el caso de que solo contéis con macetas, hacedlo en un bol lleno únicamente de tierra y luego repartid un puñadito por cada tiesto.

Empezaremos mezclando medio vaso de leche con cuatro de agua en una jarra. Tomaremos la cáscara de huevo y retiraremos esa fina película blanquecina que la recubre por dentro. Después, la moleremos hasta conseguir un polvo fino. Con ayuda de las manos, cavaremos un pequeño agujero en la tierra en la que deseemos tener buenos cultivos. Espolvorearemos la cascarilla que molimos anteriormente y verteremos muy poco a poco la leche disuelta en el centro del agujerito. Conforme ponemos estos elementos en la tierra, debemos recitar una pequeña oración, algún conjuro relacionado con los buenos cultivos o decir en voz alta aquello que nos brindará la tierra: plantas fuertes, flores bonitas, buen olor, aire fresco… Dedicaremos unos minutos a visualizar cómo la tierra se nutre y a meditar sobre su energía. Os recomiendo realizar este pequeño ritual descalzas para conectar mejor con la tierra. Al terminar, taparemos el agujerito con la tierra que quitamos al principio.

ENTRE
PRIMAVERA
Y
VERANO

[…]
i encara que plogui un xic
tot s'eixuga amb poca estona,
després hi ha un cel tan bonic
que mirar-lo ens emociona.

Per la fira de Sant Ponç
comprem mel i confitures
i herbes collides al bosc
que curen moltes malures.[7]

Miquel Martí i Pol,
Maig

---

7 *Y aunque llueva un poco/todo se seca con poco rato,/después hay un cielo tan bonito/que mirarlo nos emociona./Por la feria de Sant Ponç/compramos miel y confituras/y hierbas cogidas en el bosque/que curan muchos males.*

Las fiestas del 1 de mayo (o cercanas a la fecha) están muy arraigadas en las tradiciones de muchos pueblos de la península ibérica, así como en el resto del hemisferio norte. Hoy en día, bien entrada la primavera y pasadas las lluvias de abril, todavía se celebran festejos que llaman a la fertilidad de la tierra y el ganado y que incluyen referencias a la energía solar y vital. Beltene, Beltane, Bhealtainn, Belteinne, Walpurgisnacht, Calan Mai, Festa dos Maios, la Ascensión, la Patum, Floriala…

Dentro del gran ciclo celta, el primer día de mayo daba comienzo al penúltimo periodo. En este día, se intentaba influir sobre la fertilidad de las bestias y la tierra. Las hogueras tenían un papel importante para preservar al ganado de enfermedades y se obligaba a pasar a los animales por encima de las llamas o brasas. Asimismo, en las danzas se hacían alusiones a la energía solar y vital.

En el calendario cristiano se celebra la Ascensión. Al ser una fiesta móvil, la fecha exacta varía de un año a otro, pero tiene lugar en algún momento del mes de mayo (al menos en la fe católica). En las imágenes y representaciones de este aspecto del misterio pascual, la luz guarda un enorme protagonismo.

> Esta época del año tiene la energía perfecta para realizar ciertas actividades. Si os fijáis bien, es probable que algunas de las siguientes propuestas ya formen parte de la tradición de vuestra zona. Las flores son las protagonistas en estas fiestas.

Es muy común que se realicen concursos de decorados florales, por ejemplo. Hacer guirnaldas de flores o añadir plantas coloridas en vuestras ventanas y balcones es una buena manera de entrar en conexión con estas fechas. También os propongo cuidar del jardín, fertilizar la tierra, plantar semillas… Incluso pasear por algún espacio natural y mimarlo un poco. Conectad con el bosque, sentaos a

merendar en un prado, meditad un ratito y dejad el lugar más limpio que cuando llegasteis. Como ocurre con muchos otros festejos, este también llama a hacer algún tipo de banquete mágico. El primer día de mayo es ideal para reunirse con amistades, familiares o incluso personas de vuestra comunidad y hacer una comida o cena para disfrutar en conjunto. ¡No olvidéis dedicar un momentito al baile!

Asistid a las celebraciones de vuestro lugar, disfrutad e intentad integraros con ellas —si os apetece y es posible hacerlo—. Formar parte de los grupos y organizaciones que se encargan año tras año de que las fiestas de cada pueblo sigan vivas es muy enriquecedor, además de entretenido. Os lo digo de primera mano.

ENERGÍAS Y CORRESPONDENCIAS

SIGNIFICADO DEL MOMENTO

Unión, purificación, fertilidad, llegada del verano, fuego, crecimiento, vida.

COLORES

Rosa, verde, azul, amarillo, rojo.

CRISTALES

Ámbar
Sanación, purificación, protección, estabilidad, equilibrio, motivación, sabiduría, intelecto, transmuta energías negativas en positivas.

Cuarzo rosa
Amor, paz, romance, vínculos, amor propio, esencia, calma, armonía, sentimientos, perdón, elimina bloqueos sentimentales, alivia el dolor sentimental.

Esmeralda
Amor, lealtad, amistad, inspiración, paciencia, equilibrio, fuerza, sanación, memoria, comprensión, clarividencia, habilidades psíquicas.

Malaquita
Protección, transformación, viaje espiritual, mensajes, responsabilidad, amplifica energías, expresión de sentimientos, curación emocional.

DE LA TIERRA

Almendra
Aire - Mercurio/Venus - Géminis
Amor, belleza, fertilidad, familia, magia, glamour, hechizos contra adicciones.

Artemisa
Tierra - Venus/Luna - Libra/Piscis
Purificación, adivinación, proyección, creatividad.

Caléndula
Fuego - Sol - Leo
Calidez, felicidad, buena suerte, creatividad, muerte, renacimiento, sueños proféticos.

Dedalera
Aire/Tierra - Saturno/Venus - Acuario/Libra
Protección contra hechizos, amor, atracción, conexión con la naturaleza, vida y muerte, ofrenda ritual, trabajo onírico.

Hiedra
Agua - Saturno - Virgo
Sanación, protección, fertilidad, caminos, buena fortuna, amor y fidelidad, matrimonio.

Jacinto de los bosques
Júpiter - Sagitario
Amabilidad, amor, humildad, protección, manifestación, intuición, mundo feérico.

Madreselva

Agua - Venus/Júpiter

Felicidad, amor, romance, endulzar, sueños, delicadeza, trabajo psíquico.

Melisa

Agua - Luna - Cáncer/Piscis

Calma, sueño, sanación, purificación, longevidad, amor, trabajo onírico.

Tomillo

Aire - Venus - Cáncer

Protección, positividad, amor, riquezas, coraje, fuerza.

DEIDADES ASOCIADAS A LA FESTIVIDAD

Las deidades asociadas con esta época del año acostumbran a tener vínculos con la fertilidad, las flores, la caza, la naturaleza y los festejos.

FLORA

En la religión romana, Flora era la diosa de las plantas que florecen, la potencia que hacía florecer a las plantas. Fue el dios del viento del oeste, Céfiro, quien le otorgó el don y la «transformó» en Flora. En el año 238 a. C. se instituyó un festival dedicado a ella llamado Floriala, e incluso se consagró el mes de abril en su honor.

MAIA

Perteneciente a la mitología griega, hija de Atlas (un titán) y Pléyone (una ninfa), es la mayor de las Pléyades; la hermana más bella y tímida. Maia tuvo un hijo con Zeus, Hermes. Hay un gran número de historias (y también numerosas versiones de cada una de ellas) que han sobrevivido a lo largo del tiempo. En ellas siempre desarrolla un papel de madre, matrona, cuidadora o mujer sabia.

PAN

Mas o menos «bestia» en su forma, es un dios de la fertilidad en la mitología griega. También era dios del ganado y los pastores. Los romanos lo asociaban con Fauno. Por lo general era representado con los cuernos, las piernas y las orejas de una cabra y, a veces, aparece tocando un instrumento de viento. Conforme se avanza en la historia, sus representaciones obtienen una caracterización más humana. Su relevancia proviene más de las representaciones artísticas que de la literatura en la que aparece.

ALTAR DE LA FESTIVIDAD

Como por el equinoccio de primavera, para esta fiesta prefiero organizar un banquete o pícnic mágico con gente querida antes que hacer un altar en mi espacio mágico, pero eso no quiere decir que no existan elementos simbólicos que es necesario incluir durante la celebración. Al fin y al cabo, la mesa en la que comemos es una especie de altar.

- *Guirnaldas o coronas de flores.*
- *Alguna representación del fuego, ya sea una hoguera o una vela.*
- *Cintas, tal vez como material de una manualidad como trenzar pulseras o llaveros.*
- *Refrescos caseros con frutos de temporada, como limonada de fresas.*
- *Pan casero de queso, una hogaza redonda si fuese posible.*
- *Juegos de mesa, de correr, con cartas, de adivinanzas… Cualquier cosa que divierta.*
- *Baile; no hace falta que sea nada tradicional, sino que el evento se convierta en una verdadera fiesta.*
- *Regar la tierra con el agua que quede en las jarras al final de la comida a modo de ofrenda.*

TIRADAS DE TAROT

Inspiración

1. ¿Cuál es la raíz de mi arte?
2. ¿Cómo influye en mi vida el hecho de crear?
3. ¿Qué me impide seguir desarrollando mi arte?
4. ¿Cómo suelo afrontar los bloqueos creativos?
5. ¿Cuál debería ser mi mayor fuente de inspiración?
6. ¿Cuál es mi siguiente meta?
7. ¿Cuál es mi mayor defecto como artista?
8. ¿Cuál es mi mayor virtud?
9. ¿Qué me quita demasiada energía?
10. ¿Hacia dónde debería enfocar mi energía?
11. ¿Qué soy capaz de crear?

Consulta (y respuesta)

1. Pasado lejano.
2. Pasado cercano.
3. Influencias del presente en la situación sobre la que se pregunta.
4. Obstáculos a los que la persona se está enfrentando (o se enfrentará en un futuro cercano).
5. Posibilidades (en el instante de la consulta).
6. Qué está por llegar.
7. Conclusión.

Respecto a preguntas que puedan recibir como respuesta algo similar a sí/no, positivo/negativo, etc., la propia tirada aclarará esto. Por ejemplo, si la pregunta que se hace es «¿Debería abandonar el trabajo y buscar algo mejor?», la tirada analizará el pasado, el presente y el futuro. Además, si cuatro o más cartas de la tirada están del derecho, la respuesta general será afirmativa (sí, positivo). Pero, si cuatro o más cartas salen en posición invertida, la respuesta general será negativa (no, negativo).

Flor de primavera

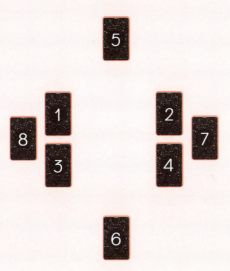

1. Mensaje de antepasadas o guías.
2. Aquello que la persona consultante oculta, niega o no comunica.
3. Cómo aceptar o trabajar lo mostrado por la carta anterior.
4. Sombras: la parte del ser que debe ser reconocida y abrazada para poder seguir creciendo personalmente.
5. Corazón: cómo ama la consultante, cómo percibe el amor de otras personas.
6. Manos: actitud respecto al trabajo, realizaciones profesionales.
7. Salud: estado físico y mental de la persona, consejo que hay que seguir.
8. Percepción: cómo el mundo ve a la persona consultante, primeras impresiones, energía que desprende, imagen general.

VELAS DE LA PURIFICACIÓN

✳ *Vela blanca*
✳ *Vela negra*
✳ *Clavos de olor*
✳ *Menta*
✳ *Pimienta negra en grano*

✳ *Romero*
✳ *Ruda*
✳ *Sándalo*
✳ *Un limón*
✳ *Bandeja ignífuga*

Colocaremos las velas sobre la bandeja, bastante separadas entre ellas. Os aconsejo que calentéis ligeramente las bases con ayuda de un mechero u otra vela para que se adhieran mejor. Esparciremos el sándalo, la menta, la ruda y el romero por la bandeja. Dibujaremos un sigilo purificador sobre la bandeja con los granos de pimienta. Cortaremos el limón en cinco rodajas de igual grosor, deshaciéndonos de los extremos primero (para que también tengan un tamaño similar entre ellas). En cada una de las rodajas clavaremos cinco clavos de olor, como si la rodaja fuese la circunferencia de un pentáculo y nosotras estuviésemos poniendo las puntas de la estrella interior. Repartiremos las rodajas en la bandeja. Después, encenderemos ambas velas. Visualizaremos cómo la vela blanca purifica el espacio y la negra se deshace de toda energía indeseada. Preparad algún escrito o frase relacionados con la purificación para recitar durante este momento y ayudar con la finalidad del hechizo. Dejad que ambas velas se consuman por completo y deshaceos de todos los elementos de la bandeja; mejor si el contenedor donde los depositáis está en un cruce de caminos.

INFUSIÓN DE FIDELIDAD

- *Nuez moscada*
- *Canela*
- *Regaliz*
- *Puré de frambuesa*
- *Puré de manzana*
- *Esencia de vainilla*
- *Miel de azahar*
- *Agua*
- *Tetera*
- *Dos tazas (rosas)*

Empezaremos introduciendo una pizca de nuez moscada, un pedazo de canela, un trocito de regaliz, una cucharadita de puré de frambuesa y otra de puré de manzana en la tetera. Añadiremos agua hirviendo y dejaremos que repose durante seis minutos. Durante este tiempo, ambas personas dentro del vínculo que busca amplificar la fidelidad deben rodear la tetera con sus manos sin llegar a tocarla. Junto con la bruja (si es que esta no es una de las personas que conforman dicho vínculo) recitarán todas un encantamiento que invoque un amor fiel, previamente preparado por la pareja. Pasados los seis minutos, serviremos la infusión en las tazas. Cada persona de la pareja se encargará de añadir en la taza de la otra persona un poquito de vainilla y una cucharadita de miel y lo removerá bien. La pareja se dará la mano izquierda, entrelazando los dedos, y beberá de la taza tomándola con la otra mano. Sería ideal si se mirasen a los ojos durante el máximo tiempo posible durante este pequeño ritual. Podemos acompañar la ocasión con canciones que hablen de un romance fiel, de un compromiso…

HECHIZO DE COMUNIDAD

Dificultad: I

Tipo: magia tradicional, brujería de cocina

Necesitaremos:
- *Diez fresas*
- *Un plátano*
- *Margaritas*
- *Un yogur natural*
- *Azúcar moreno*
- *Canela*
- *Esencia de vainilla*
- *Miel*
- *Vasitos de cristal*
- *Batidora de mano*
- *Jarra*
- *Tela de algodón*
- *Hilo rosa o azul*

El objetivo de este preparado no es que lo consuma la persona que lo prepara, sino aquellas personas a las que nos queremos acercar y con las que deseamos entablar una amistad. Es el regalo perfecto para la vecina cuando te mudas a otro lugar o para llevar a una fiesta donde no conoces a mucha gente.

Empezaremos lavando muy bien las fresas y retirando las hojas. Las pondremos dentro de la jarra, junto con el plátano pelado y el yogur. Las cantidades que propongo son para un par de batidos; si queréis hacer más, simplemente multiplicad las cantidades. Tomaremos la batidora y picaremos todo el contenido del vaso hasta que quede una mezcla homogénea y suave. Añadiremos una pizca de canela molida, unas gotitas de esencia de vainilla, miel al gusto y una cucharada de azúcar moreno. Luego, distribuiremos el batido en los vasitos de cristal. Decoraremos espolvoreando por encima de los vasos un poco más de canela y pétalos de margarita bien limpios. Pondremos un trocito de tela de algodón encima de cada vasito y la aseguraremos a los bordes atándola con el hilo de nuestra preferencia. Una vez que esté todo listo, lo refrigeraremos hasta el momento de consumir (o de regalárselo a la vecina).

Es muy importante concentrarnos en nuestra intención durante todo el proceso de preparación. Al hacer magia en la cocina podemos inscribir sigilos o runas en los preparados cuando removemos, al añadir un ingrediente o incluso al servir el plato. Todo esto nos ayudará a que aquello que prepararemos tenga la energía correcta. ¡Si no, solo sería una receta!

POR EL
SOLSTICIO
DE
VERANO

*La flor de card fa que el somni perduri
d'unes amors que potser floriran
i a les donzelles en conta l'auguri
meravellós en venir Sant Joan.*[8]

Las celebraciones de este solsticio tienen diferentes nombres (San Juan, Litha, Midsommar, Vestalia, Alban Hefin…), pero una finalidad común: celebrar el día más largo y la noche más corta del año. En el calendario agrícola y ganadero suele ser por estas fechas cuando se inicia la cosecha. También era el momento en el que se subía a los animales a las montañas para pasturar y pasar allí el verano.

---

8 *La flor de cardo hace que el sueño perdure / de unos amores que quizá florecerán / y a las doncellas cuenta el augurio / maravilloso al venir San Juan.*

En muchísimas tradiciones, el solsticio de verano todavía guarda su misticismo. La noche más corta del año alberga una energía muy especial y acostumbra a recibir el nombre de «noche de bruja». Además de rendirle culto a la luz del sol en su máximo esplendor durante el día, la noche del solsticio está reservada para el misterio que guarda su efímera oscuridad. Faltarían páginas en este libro si quisiera enumerar todas y cada una de las tradiciones y costumbres de este momento del año.

En muchos lugares es tradición preparar una hoguera y encenderla por el solsticio, y existen varias maneras de hacerlo. Hay pueblos que preparan una gran hoguera en la plaza (o algún espacio similar) y la encienden una vez que cae la noche. En otras zonas, sobre todo en el litoral, es costumbre reunirse con amistades o familia en la playa. Cada grupito de personas prepara su propia hoguera sobre la arena durante la tarde y las encienden conforme atardece o justo después. Cuando las llamas han bajado un poco, se salta la hoguera en busca de renovación y buena suerte. Dependiendo del lugar, necesitas saltar la hoguera un número de veces concreto dependiendo de lo que quieras atraer. También hay una costumbre de darse un baño en el mar, lago, río... El momento de dicho baño

varía; a veces debe ser a medianoche, conforme atardece, pasada la medianoche… ¡Yo prefiero el baño de medianoche! Las cenas de este día son en comunidad y la comida se suele cocinar en la hoguera (sobre todo, si cada pequeño grupo ha encendido una propia). También es común pasar la noche entera en vigilia.

En el noroeste de la península ibérica hay una tradición de realizar un preparado llamado agua de San Xoán, con siete hierbas (que se recolectan durante el día anterior a la festividad del santo) y agua de siete fuentes. El preparado se realiza en un bol o una palangana y se deja en el exterior toda la noche. De esta manera, queda expuesto a la luz de la luna, a la del sol cuando amanece y al rocío de la mañana. Al despertar, las personas de la casa se lavan la cara con esa agua que purifica, embellece y trae buena fortuna. Mi abuela me decía que tenía prohibido mirarme en ningún espejo hasta lavarme la cara con el agua, porque a través del espejo podía llegarme algún mal.

ENERGÍAS Y CORRESPONDENCIAS

SIGNIFICADO DEL MOMENTO

Inicio de la cosecha, celebración del sol y su influencia sobre la tierra, agradecimiento por la época fértil anterior.

COLORES

Amarillo, dorado, rojo, verde.

CRISTALES

Jade
Serenidad, pureza, estabilidad, sueños, ideas, abundancia, liberación emocional, alivio mental, conocimiento oculto.

Lapislázuli
Armonía, amor, amistad, paz, protección, trabajo de sueños, habilidades psíquicas, viaje espiritual, expresión de sentimientos, disuelve ataduras emocionales.

Ojo de tigre
Protección, objetivos, necesidades, toma de tierra, autoestima, creatividad, equilibrio, cambio físico.

Selenita
Purificación, limpieza, claridad mental, estabilidad, luz, paz, meditación, trabajo espiritual, comprensión.

DE LA TIERRA

Anís

Aire - Júpiter/Sol - Géminis

Protección, destierro, deseo, adivinación, juventud, belleza, sueños.

Arándano

Agua/Tierra - Luna/Venus - Cáncer/Piscis

Tranquilidad, paz, protección, prosperidad.

Hierba de San Juan

Fuego - Sol - Leo

Protección, fuerza, salud, felicidad, adivinación, amor.

Hinojo

Fuego/Aire - Mercurio - Aries/Virgo

Sanación, confianza, liberación, fertilidad, amor, adivinación, rompe trabajos mágicos.

Lavanda

Agua/Aire - Mercurio/Neptuno - Piscis

Purificación, meditación, paz, sueños, belleza, espiritualidad.

Limón
Agua - Sol/Luna - Cáncer/Piscis
Purificación, protección, salud, claridad.

Naranja
Fuego - Sol
Alegría, salud, purificación.

Ruda
Fuego - Marte/Saturno - Capricornio
Purificación, protección, buena suerte, exorcismo, guarda de malas energías y del mal de ojo.

Verbena
Tierra - Venus - Géminis
Adivinación, prosperidad, purificación, sanación, protección, atracción, amor.

DEIDADES ASOCIADAS A LA FESTIVIDAD

Aquellas deidades relacionadas con el amor y el deseo, la belleza, el mar, el agua o el sol guardan lazos con este evento. En muchos lugares encontramos a personajes y deidades propias del solsticio de verano, protagonistas de leyendas de la noche más corta del año e incluso representaciones teatrales de estas historias.

HATHOR

Esta diosa del antiguo Egipto es diosa del cielo, las mujeres, la fertilidad y el amor. Tenía fuertes asociaciones a la maternidad. Se estima que su culto empezó en el 3000 a. C. y que se extendía por muchas ciudades, tanto de Egipto como del exterior, dado que también es patrona de las tierras extranjeras. Era venerada junto con Horus en su centro de culto en Dandarah.

APOLO

En la mitología de la Antigüedad clásica, este dios estaba cargado de significados y funciones diversas. Es gemelo de Artemisa, hijo de Zeus y Leto y uno de los dioses más relevantes del Olimpo. Se le identifica con la luz de la verdad; dios de las artes, la belleza, la perfección, el equilibrio y la armonía, la razón, el arco y la flecha, los cultivos y rebaños… Protegía a marineros, pastores y arqueros. Desde los cielos daba protección o amenazaba. Era capaz de provocar sentimiento de culpa en los mortales, haciéndolos conscientes de sus propias acciones. También es dios de las plagas y enfermedades y de la muerte súbita.

GOJAS

Técnicamente no son deidades, sino seres feéricos de la mitología catalana. Tienen varios nombres: *dona d'aigua*, *encantada*, *aloja*, *paitida*… A lo largo de la península ibérica, e incluso en Europa, existen criaturas de características similares. Son figuras femeninas de gran belleza, ropajes ricos y un largo cabello que peinan a la luz de la luna y habitan en las aguas de estanques, lagos, grutas, cascadas o fuentes. Se dice que durante la noche del solsticio de verano se las puede ver con facilidad.

ALTAR DE LA FESTIVIDAD

No acostumbro a preparar un altar propiamente dicho para el solsticio de verano, a no ser que esa noche vaya a hacer magia muy concreta y relacionada con el momento. Generalmente prefiero pasar la noche con amistades y asistir a las celebraciones de la Nit de Sant Joan que se organizan donde vivo. Cuando conformo un altar incluyo:

- *Alguna representación del sol (la carta del tarot, por ejemplo).*
- *Girasoles y pipas de girasol en un jarrón, un bol…*
- *Agua de San Xoán en un recipiente amplio, preparada durante el día de la víspera, para lavarme la cara al amanecer del día de San Juan.*
- *Un velón para representar el fuego; mejor si está ritualizado conforme a la energía del solsticio.*
- *Fruta de temporada en algún plato de ofrenda.*
- *Algún amuleto que encantar o recargar durante el solsticio.*

TIRADAS DE TAROT

Nueva perspectiva

1. Pasado de la situación, de dónde viene.
2. Futuro, desarrollo más probable según cómo está todo en el momento de la lectura.
3. Base de la situación, raíz del problema.
4. Beneficios, aprendizajes.
5. Desafío, obstáculo en el camino, problemas durante el desarrollo de la situación.
6. Mejor resultado posible, sobre todo si se tiene en consideración la información que ha brindado la lectura a la hora de actuar respecto a la situación consultada.

Adivinación

1. ¿De qué soy consciente cuando practico algún tipo de adivinación?
2. ¿Cuáles son mis talentos naturales?
3. ¿Qué necesito para seguir adquiriendo nuevas habilidades adivinatorias?
4. ¿Qué tipo de adivinación estoy ignorando y debería probar?
5. ¿Qué cosas (mágicas o no) me pueden ayudar en mi camino?
6. ¿Cómo puedo conectar con personas que me echen una mano?
7. ¿Qué puedo llegar a conseguir? ¿Cuál debe ser mi próximo objetivo?

Antes de hacer un hechizo

1. Posibles consecuencias, impacto del hechizo que se desea realizar.
2. Mejor manera de ejecutar el hechizo, medio ideal que se empleará (agua, fuego, sonido, minerales…).
3. Mi energía y la energía del momento (es ideal, no, merece la pena esperar…).
4. Consejo o advertencia respecto al hechizo o su ejecución.
5. Resultado.

VELA DEL SOLSTICIO DE VERANO

- *Vela de cera de abeja (o de color dorado)*
- *Vela naranja*
- *Ralladura de limón*
- *Pipas de girasol*
- *Ruda*
- *Verbena*
- *Hierba de San Juan*
- *Portavelas (con motivos solares, dorado)*

Vestiremos la vela de cera de abeja, pero sin derretir ni calentarla de ninguna manera. La pondremos sobre una superficie plana (y, además, protegida con un mantelito o papel) y espolvorearemos los elementos por encima, poco a poco, con una mano. Con la otra mano sostendremos la vela naranja encendida e iremos volcando su cera por encima de la vela que estamos vistiendo; así cubriremos las hierbas y quedarán bien pegadas. Giraremos la vela de cera de abeja para ir cubriendo toda su superficie con hierbas e iremos derramando cera naranja para sellarlo todo. En el solsticio, conforme caiga el sol, encenderemos la vela y la dejaremos arder durante toda la noche. Es por este motivo que necesitaréis una vela con un tiempo de quemado superior a doce horas. Cuando añadimos hierbas secas, estas aceleran la velocidad a la que arde la vela y es preferible utilizar una que esté pensada para arder durante mucho más tiempo del que necesitamos. Bajo el portavelas podéis escribir en un papel aquellas partes de vuestra vida que necesiten de un poco de luz, problemas que no se resuelven… O, si no, podéis incluir aquello por lo que estáis agradecidas. ¡Aseguraos de poner la vela en un recipiente no inflamable!

INFUSIÓN DE BELLEZA

- *Tallos frescos de anís*
- *Pétalos de rosa*
- *Puré de fresas*
- *Miel*
- *Leche de almendras*
- *Agua*
- *Tetera*
- *Taza (blanca, rosa)*
- *Espejo*

Antes de empezar, situaremos el espejo delante nuestro de manera que todo lo que hagamos quede reflejado en este. Pondremos nuestras plantas, lo más frescas posible, dentro de la tetera; un puñadito de pétalos y otro de tallos de anís. Si se conserva la forma de los pétalos de rosa y los tallos de anís, mejor. Para facilitar que todo infusione, podéis pinzar las plantas suavemente con los dedos sin llegar a romperlas. Añadiremos agua hirviendo y dejaremos que repose diez minutos. Nos miraremos en el espejo durante el tiempo de reposo, buscando los aspectos de nuestra cara y cuerpo que nos gusten (o que agradezcamos) y verbalizándolo. ¡Puede ser un ejercicio complicado para algunas personas! Mantendremos nuestras manos alrededor de la tetera sin llegar a tocarla y canalizaremos hacia ella todo ese amor y belleza. Verteremos un poco de la infusión en la taza y disolveremos una cucharadita de puré de fresas y otra de miel. Justo después, añadiremos un poco de leche de almendras. Humedeceremos los dedos índices de ambas manos en el preparado y tocaremos suavemente aquellas zonas que nos parecen menos bellas. Al hacerlo, podemos recitar alguna oración o encantamiento que amplifique nuestra belleza. Por último, nos tomaremos la infusión sin dejar de visualizar cómo nos embellece de dentro a fuera.

PARA SOÑAR CON EL AMOR

Dificultad: I

Tipo: magia tradicional, onírica

Necesitaremos:
- *Pañuelo pequeño de tela blanca (de fibras naturales)*
- *Helecho*
- *Hilo rojo*
- *Aguja*

Existen grandes leyendas que incluyen a los helechos como protagonistas; flores mágicas y efímeras que otorgan innumerables bienes a quien consiga poseer una, esporas que se convierten en polvo de oro… Se dice que las hierbas que se recolectan durante la noche del solsticio tienen una energía mayor que las que se recogen durante cualquier otro día del año, puesto que han estado expuestas a la luz del sol (y también a su energía) el máximo de horas seguidas posible.

Una vez que haya caído la noche, en el momento del solsticio, nos dirigiremos a un espacio natural donde podamos encontrar helechos. Os recomiendo localizarlos con anterioridad, durante una excursión diurna, para no tener complicaciones ni poneros a identificar plantas con una linterna. Sosteniendo el pañuelo con una mano, lo colocaremos bajo una de las hojas. Ayudándonos con la otra mano, acariciaremos la hoja por la zona de las esporas para que caigan sobre el paño. Recoged esporas de varias hojas (y arbustos de helecho si fuese posible) hasta que la parte central del pañuelo quede cubierto por una fina capa de ellas. Al volver a nuestro espacio mágico, tomaremos hilo y aguja para coser nuestro pañuelo en forma de saquito. No hace falta que quede perfecto. Esa misma noche, la del solsticio, dormiremos con el saquito bajo la cama. Meditaremos sobre el amor al que deseamos dar la bienvenida mientras intentamos conciliar el sueño.

Es importante apuntar todo lo que recordemos de los sueños que hayamos tenido justo al despertar. Si la memoria no os acompaña, anotad el resto de las cosas que podáis respecto al tiempo que hayáis estado dormidas. Por ejemplo, si habéis dormido bien, si estáis contentas, si os despertasteis con dolor en alguna parte del cuello, si habéis pasado frío… ¡Cualquier cosa!

Al día siguiente podéis deshaceros de las esporas de helecho o ponerlas en una maceta con la tierra muy húmeda. Si la mantenéis tapada, bien hidratada y en un lugar húmedo y sombrío, es muy probable que germine pasados unos meses.

ENTRE
VERANO
Y
OTOÑO

Sobre el pagès que tot l'any
                 [malda
per conrar bé els seus sementers,
Mare, espolsau la vostra falda
i tots els camps seran fruiters.
De la gelada que els desola
vulgueu-los sempre alliberar.
En vós el poble s'agombola,
no el deixeu mai de la vostra mà. [9]

                 Miquel Castanyer,
             Goigs de la Mare de Déu
                    de les Neus

Lugnasad, Lughnasaad, Lughnasadh, Lammas, Calan Gwyngalaf… A mediados de verano tienen lugar infinidad de fiestas de carácter muy alegre. Después de la primera cosecha se aprovechaba para celebrar los frutos y agradecer a las patronas de cada pueblo. Dentro del gran ci-

---

9 *Sobre el campesino que todo el año afana / en cultivar bien sus sementeras, / Madre, espolsad vuestra falda / y todos los campos serán frutales. / De la helada que los desola / queredlos siempre liberar. / En vos el pueblo se ampara / no lo dejéis nunca de vuestra mano.*

clo celta del que hablaba al principio de este libro, Lugnasad era la fiesta más importante. Durante el primer día de agosto se recordaba a las antepasadas fundadoras de los pueblos y se organizaban eventos como carreras de carros y caballos sobre sus tumbas. También se organizaban ferias de bestias.

> **En la actualidad, por estas fechas, se conservan todavía grandes fiestas patronales, folclóricas, con una gran historia u otras más recientes. Sin duda, el mes de agosto llama a la celebración y al festejo.**

Es un mes mayoritariamente dedicado a las vacaciones y muchas personas se reservan un par de días para visitar algún pueblo con encanto o ir a algún destino para pasarlo bien. Si hablamos de la primera cosecha como un tiempo de tanto trabajo y esfuerzo, y de las fiestas de agosto como una celebración de la primera cosecha (finalización o descanso de dicho trabajo y celebración de sus frutos), podemos afirmar que el sentido de las fiestas de hoy en día tampoco se aleja tanto del de las fiestas de la primera cosecha de antaño, pese a que muchas de nosotras no trabajemos en el campo.

Justo a mediados del mes de agosto, el día 15, se celebra la Asunción de María. Esta fiesta recibe multitud de nombres y se trata de una de las solemnidades más antiguas dedicadas a la Virgen María. Actualmente, es una de las cuatro grandes celebraciones marianas del calendario litúrgico. El apócrifo *De transitu Mariae*, redactado a finales del siglo IV o principios del V, asegura que los apóstoles establecieron tres días conmemorativos de la Virgen María con diversos propósitos: 25 enero (*de seminibus*) para tener buena siembra, 15 de mayo (*ad aristas*) para la cosecha inminente y 15 de agosto (*pro vitibus*) para una vendimia próspera.

ENERGÍAS Y CORRESPONDENCIAS

SIGNIFICADO DEL MOMENTO

Prosperidad, purificación, madurez, frutos del trabajo, transformación, plenitud, primera cosecha, abundancia, agradecimiento.

COLORES

Rojo, naranja, dorado, verde oscuro, ocre, marrón claro, bronce.

CRISTALES

Aventurina
Prosperidad, creatividad, bienestar, compasión, empatía, perseverancia, posibilidades, estabilidad mental, recuperación emocional.

Labradorita
Protección, alineación, intuición, sabiduría, imaginación, calma mental, dones psíquicos, elevación de la conciencia, conocimiento místico.

Peridoto
Protección, sueños, guarda contra las malas energías, amuleto, abundancia, relaciones.

Pirita
Protección, escudo energético, energía, diplomacia, autoestima, confianza, actividad mental, salud y bienestar.

DE LA TIERRA

Ajo
Fuego - Marte - Aries

Protección, purificación, prosperidad, aleja la negatividad, favorece la sanación.

Albahaca
Fuego - Marte - Escorpio/Aries

Amor, buena suerte, fortuna, dinero, relaciones, protección.

Arroz
Tierra - Sol - Virgo

Bendición, dinero, prosperidad, fertilidad, seguridad, atraer la lluvia.

Girasol
Fuego - Sol - Leo

Suerte, alegría, magia solar, prosperidad, autoestima, deseos, valentía.

Lúpulo
Fuego/Tierra - Marte

Sueño, calma, sanación, desarrollo psíquico, previene pesadillas.

Maíz
Tierra - Sol

Buena suerte, protección, muerte, renacimiento, purificación, amor, abundancia.

Milenrama

Agua - Venus - Aries

Sanación, creatividad, amor, claridad, adivinación, trabajo onírico, purificación, destierro, protección.

Pera

Agua/Tierra - Venus - Libra/Tauro

Amor, sabiduría, fertilidad, conexión, autoestima, prosperidad, abundancia, ofrenda.

Vara de oro

Aire - Venus

Buena fortuna, riquezas, amor, energía vital, romance, intuición, sanación emocional.

DEIDADES ASOCIADAS A LA FESTIVIDAD

LUGH

Es hijo de Cian y Ethniu. Esta figura de la mitología irlandesa forma parte de los *Tuatha Dé Danann*, un grupo de seres supernaturales, y va acompañado de un perro llamado Failinis. A Lugh se le representa como guerrero, maestro artesano, rey y salvador. Está asociado con la verdad, los juramentos y la ley. Porta una lanza de fuego y una honda y es considerado el inventor de las carreras de caballos, entre otras cosas. Se cree que su hijo, el héroe Cú Chulainn, es una encarnación de Lugh.

CERRIDWEN

Perteneciente a la mitología galesa, Cerridwen era madre de una hija bella (Creirwy) y un hijo horrendo (Mordfran). La poesía medieval de Wales dice que ella poseía el caldero de la inspiración poética. El «cuento de Taliesin» (*Tale of Taliesin*) relata cómo Cerridwen se tragó a su sirviente y luego renació a través de ella como el poeta Taliesin. Es considerada diosa de la transformación, el renacimiento y la inspiración por muchas ramas modernas del paganismo.

ALTAR DE LA FESTIVIDAD

Para esta festividad no suelo hacer un altar propiamente dicho. Como en muchas otras fiestas relacionadas con la comunidad y la comida, prefiero realizar algún banquete mágico y decorar la mesa con elementos de temporada. En cualquier caso, siempre incluyo:

- *Hogaza redonda de pan artesanal, hecho por mí si es posible, que se repartirá haciendo pedazos con las manos (nunca cortado con cuchillo).*
- *Algún plato elaborado con maíz o que lo incluya (como una ensalada).*
- *Ensalada de frutas de temporada.*
- *Mantelería de algún color asociado con la festividad.*
- *Arroz meloso preparado con queso y ajo.*
- *Centros de mesa con flores de temporada recogidas de algún lugar cercano.*
- *Un postre dulce, como galletas de miel.*

TIRADAS DE TAROT

Más magia

1. La persona actualmente dentro de su camino mágico.
2. Dónde debería focalizarse.
3. Cuál es su mejor habilidad.
4. Cuál es la base de su energía.
5. Con quién debería conectar.
6. Cuál será el siguiente paso dentro de su práctica.

Pentáculo de la primera cosecha

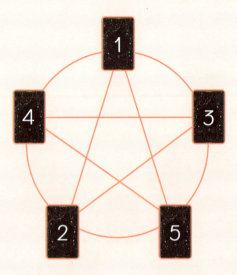

1. ¿Cómo puedo agradecer toda la suerte y regalos que he recibido hasta ahora?
2. ¿Qué bloquea el flujo de abundancia a mi vida?
3. ¿Qué proyecto abandonado necesito retomar?
4. ¿Qué empezará a dar sus frutos en breve?
5. ¿Qué necesito sanar?

Herederas

1, 2 y 3. Orígenes y raíces de la persona que consulta.

4. Problemas heredados de generación en generación.

5. Dones heredados que la consultante puede emplear.

6. Aspiraciones de la consultante.

7. Energía actual de la persona que consulta.

8. Antepasadas que serán de ayuda en un futuro.

9. Personas cercanas que serán de ayuda en un futuro.

En general, la octava carta representará a alguien concreto (una matriarca, una pareja...). Estudiad la carta y su significado para saber a quién representa, por si encaja con alguna persona que conocisteis en vida o de la que os hayan hablado vuestros familiares. Aunque no consigáis identificarla, apuntad la carta en un diario de tarot o un grimorio. Cuando necesitéis una guía, consejo o ayuda, poned esa misma carta en vuestro altar, mesita de noche o algún lugar visible y «llamadla» para que os asista.

VELA DE ABUNDANCIA

- *Vela verde (o cera y mecha)*
- *Jengibre en polvo*
- *Pétalos de margarita (secos)*
- *Hojas de olivo (secas)*
- *Flores de anís (secas)*
- *Semillas de calabaza*
- *Bol*
- *Cazo*
- *Plato ignífugo*

En primer lugar, derretiremos la cera de nuestra vela al baño maría. Llenaremos un cazo de agua, más o menos hasta la mitad, y lo herviremos a fuego lento. Mientras el agua hierve, pondremos la vela dentro de un bol o plato y lo situaremos encima del cazo a modo de tapa. Así la cera se derretirá lentamente. Cuando se haya derretido, separaremos y guardaremos la mecha de la vela para usarla más adelante. En la cera incorporaremos poco a poco una pizca de jengibre, un puñadito de pétalos de margarita, algunas hojas de olivo y otro puñadito de flores de anís. Retiraremos el bol de la fuente de calor. Conforme se enfríe la mezcla, irá tomando una textura como de masa. Este será el momento de ir cogiendo pedacitos y «aplastándolos» con las manos alrededor de la mecha, volviendo a formar una vela. Podéis simplemente vestir la vela, pero este método os permite esculpir aquello que consideréis (como una pequeña casita o un coche para adherir al exterior de la vela). Incrustaremos las semillas de calabaza antes de que la cera se enfríe por completo, pondremos la vela de pie sobre un plato y dejaremos que se endurezca bien durante unas horas. Al encenderla, aprovechad para meditar sobre la abundancia que queréis recibir, preparad un pequeño encantamiento que recitar conforme arde la llama…

INFUSIÓN DE PLENITUD

- *Ralladura de media naranja (sin parte blanca)*
- *Madreselva*
- *Pétalos de rosa*
- *Esencia de vainilla*
- *Agua*
- *Taza (naranja o con tonos dorados)*
- *Citrino*

Herviremos agua y la pondremos en nuestra taza. Disolveremos media cucharadita de esencia de vainilla removiendo lentamente e intencionando el preparado. Añadiremos uno a uno los componentes: la ralladura, media cucharadita de madreselva y otra media de pétalos de rosa a trocitos. Tomaremos la pieza de citrino y la situaremos cerca de la taza mientras dejamos reposar el preparado un par de minutos. Envolvedlo todo con vuestras manos mientras visualizáis alegría, satisfacción, el endulzamiento de las preocupaciones… Sentaos en algún lugar soleado o cerca de una ventana por la que entre la luz directa del sol y bebed a sorbitos muy pequeños. Visualizad un punto pequeño de luz que aparece justo en el centro de vuestro pecho y que se agranda más y más con cada trago. Os recomiendo tomaros vuestro tiempo para disfrutar de este momento, así como preparar alguna playlist de música que os transmita alegría, bienestar y paz.

PARA RECOGER LOS FRUTOS DEL TRABAJO

Dificultad: I

Tipo: pequeño ritual, atracción

Necesitaremos:

- *Bol ignífugo*
- *Arroz*
- *Romero*
- *Tres hojas de laurel*
- *Canela en rama*
- *Vara de oro*
- *Jengibre*
- *Semillas de trébol*
- *Carta de tarot del nueve de oros*
- *Doce monedas de valores diversos*
- *Lápiz*
- *Vela verde*

Empezaremos buscando un lugar para el bol dentro de nuestro espacio de trabajo, de ese trabajo que no da sus frutos. Purificaremos el bol y lo pondremos en el sitio que hayamos escogido. Dentro, colocaremos un puñadito de arroz que forme la primera de las capas del bol. Después, formaremos otra capa con el romero. Tomaremos el lápiz y, sobre cada una de las hojas de laurel, dibujaremos sigilos o runas que energicen, atraigan la fortuna o simbolicen aquello que esperamos recoger y que parece no llegar. Añadiremos tres ramitas de canela y otras tres de vara de oro y espolvorearemos las semillas de trébol y el jengibre por toda la superficie. Deslizaremos bajo el bol la carta del nueve de oros después de meditar sobre su significado e invocar su energía. Rodearemos el bol con las doce monedas mientras visualizamos cómo se multiplican.

Colocaremos la vela verde en el centro del bol. Si no parece demasiado estable, podéis ponerla en un portavelas primero y luego hacerle un pequeño espacio en el bol. Durante los siguientes nueve días, a la misma hora, encenderemos la vela unos minutos mientras meditamos sobre cómo nos llega todo por lo que hemos trabajado. Os recomiendo recitar algún encantamiento propio o alguna oración relacionada con el objetivo. Apagaremos la llama al terminar y repetiremos la meditación al día siguiente. El noveno día, mientras meditamos, quemaremos las hojas de laurel (con cuidado) y no apagaremos la vela; dejaremos que se consuma por completo. Algunas personas prefieren deshacerse del contenido del bol una vez que finaliza este pequeño ritual, pero yo opto por dejarlo en mi espacio hasta que los frutos del trabajo se manifiestan.

Cuando ya no necesitéis el bol, tirad las hierbas y los restos de cera, limpiadlo correctamente y volved a ponerlo en la alacena. Recargad la carta de tarot, purificad las monedas y devolved todo a su sitio.

EN EL
EQUINOCCIO
DE
OTOÑO

*Enriquezco tu mano
cortando uvas
cubiertas por los soles
y por las lunas.
¡Ay, si quisieras
que cortara tus besos
con mis tijeras!*

Miguel Hernández,
Canción de los vendimiadores

El equinoccio de otoño tiene lazos muy muy estrechos con el calendario agrícola y ganadero y puede que sea de las fiestas menos celebradas o esperadas dentro del calendario brujil. Tal vez es así porque la siguiente fecha destacada (Samhain) trae consigo más misterio o porque hoy en día ya no tenemos el mismo vínculo con los tiempos de la cosecha y una fiesta dedicada al final de esta ya no tenga demasiado sentido. Soy la primera que celebra ciertos festejos con más dedicación que otros, pero no quiero que os perdáis la magia que tiene para ofrecer el equinoccio de otoño y los festejos que lo rodean. Mabon, Alban Elfed, fiestas de la vendimia, fiestas patronales, romerías…

Esta fecha en que el día iguala en duración a la noche se celebra la inminente llegada del invierno, la fugacidad de todo, la poca permanencia de las cosas. El verano termina para dar paso a la época fría y oscura; la luz se verá superada por la oscuridad justo después de este momento de equilibrio. Suele coincidir con las últimas cosechas y con el retorno de las bestias que habían subido a las montañas a pasturar a inicios de verano (todo depende de la zona en la que nos encontremos). Comenzaban entonces los preparativos para la festividad de Todos los Santos y para el frío del invierno. Se agradecía por los frutos de la tierra y por los pastos verdes que habían permitido alimentar al ganado. También se recolectaban y secaban frutos, semillas y plantas y se hacían los preparados para bebidas fermentadas. Esta celebración coincide con el tiempo de vendimia en muchas zonas del hemisferio norte. En algunos lugares se realizan ofrendas en cementerios.

Más que hacer grandes fiestas, el equinoccio de otoño invita a un periodo de reflexión y de conexión con la tierra. Podemos aprovechar la energía armoniosa y realizar hechizos de protección y seguridad, renovar las guardas del hogar y encantar algún que otro amuleto. Además, es un buen momento para hechizos de autoestima y amor propio y para hacer meditaciones profundas.

La luna llena próxima al equinoccio de otoño, en el mes de septiembre, recibe el nombre de luna de cosecha. También es conocida como luna de cebada o luna de maíz. Durante este periodo del año, la luna suele ser más brillante y es visible a horas más tempranas, puesto que la noche se alarga. Es una luna que permite seguir trabajando en el campo tras la puesta del sol, de manera que las faenas podían quedar terminadas antes de la verdadera llegada del frío. Trae consigo una energía de transformación más que ideal para aprovechar durante trabajos mágicos.

ENERGÍAS Y CORRESPONDENCIAS

SIGNIFICADO DEL MOMENTO

Última cosecha, belleza, misterio, fuerza, equilibrio, bienestar, abundancia, prosperidad, vida, llegada de la oscuridad.

COLORES

Rojo, naranja, marrón, terracota, dorado, verde, púrpura.

CRISTALES

Cornalina
Anclaje, toma de tierra, estabilidad, vitalidad, motivación, creatividad, percepción, protección contra la envidia, calma enfados.

Hematita
Toma de tierra, protección, concentración, armonía, equilibrio, fuerza, confianza, expansión, ayuda en asuntos legales, protección en viajes astrales.

Topacio (amarillo)
Curación, empatía, verdad, alegría, generosidad, perdón, manifestación, luz, objetivos, confianza, estabilidad emocional, alivia la duda, resolución de problemas.

Zafiro
Calma, mente, sabiduría, serenidad, paz mental, autoexpresión.

DE LA TIERRA

Cardo

Fuego - Marte - Aries

Purificación, sanación, protección, vitalidad, rompe maldiciones, exorcismo.

Cebolla

Fuego/Tierra - Marte/Sol - Aries

Protección, salud, purificación, sanación, elimina bloqueos amorosos.

Clavo

Fuego - Júpiter/Mercurio/Sol - Aries

Protección, purificación, limpieza energética, amor.

Manzana

Agua - Venus - Capricornio/Tauro

Amor, pasión, salud, longevidad, ofrenda a los espíritus.

Nuez

Fuego - Sol

Prosperidad, sanación, claridad, fertilidad, protección, manifestación.

Patata

Tierra - Luna - Virgo

Toma de tierra, protección, energía, estabilidad, magia simpática.

Pimienta negra

Fuego - Marte - Aries

Protección, purificación, claridad, estimulación, fuerza.

Trigo

Tierra - Venus - Virgo

Abundancia, fertilidad, renacer, prosperidad, celebración de la cosecha.

Uva

Agua/Tierra - Luna - Tauro

Prosperidad, fertilidad, sanación, sensualidad, magia glamour.

Zanahoria

Fuego - Marte/Mercurio

Fertilidad, deseo, juventud, salud, sanación.

DEIDADES ASOCIADAS
A LA FESTIVIDAD

DEMÉTER

La segunda descendiente de Cronos y Rea es la diosa olímpica de la cosecha y la agricultura, cuidadora de los cultivos, el grano y la fertilidad de la tierra. También preside sobre la «ley divina» o el «orden divino» y el ciclo de la vida y la muerte. Deméter y su hija Perséfone son las figuras centrales de los misterios eleusinos. Se la suele representar con símbolos de la cosecha, ya sean frutas, flores o granos.

MABON AP MODRON

Es el hijo de Modron (madre divina) según la mitología céltica galesa. Es dios de la juventud, la caza y la pesca y una figura importante en la literatura y mitología galesa y británica. Forma parte del grupo de guerreros del rey Arturo y comparte cualidades con numerosas deidades de otras mitologías.

DIONISO

Es el dios griego de las fiestas, el vino y la fertilidad, inspirador de la locura ritual y el éxtasis y patrón de la agricultura y el teatro. Se le representa tocando un aulós, bebiendo vino, adornado con coronas de vid y acompañado por ménades y sátiros. Existen varias historias que explican el origen de Dioniso.

Una dice que es hijo del dios Zeus y de Semele (una humana); la otra atribuye la maternidad a Perséfone. La diosa Hera, impulsada por los celos, manda a Dioniso al inframundo, pero luego es salvado. Dependiendo de la fuente, Dioniso nace como semidiós y es convertido en dios posteriormente.

ALTAR DE LA FESTIVIDAD

Más que preparar un altar propiamente dicho por esta festividad, prefiero decorar un poco mi espacio para dar la bienvenida al otoño. Lo que más me gusta hacer es sentarme en algún espacio natural, observar los colores y los cambios que trae consigo el paso de las estaciones y pintar el paisaje en una lámina de acuarela. ¡Después, este pequeño cuadro me sirve para seguir engalanando mi espacio! Hay elementos que no pueden faltar:

Hojas caídas o secas, tal vez no a puñados encima de la mesa, pero sí a modo de colgajo o guirnalda para la ventana o pegadas sobre una cartulina rectangular para hacer un punto de libro.

Avellanas y bellotas, a veces en un colgajo de hilo o simplemente decorando alguna estantería.

Piñas secas (de pino), que suelo poner en platitos de ofrenda con una vela de té en el centro.

Manzanas, usualmente sobre un plato de ofrenda.

Semillas que he recogido y guardo en un bote o saquito.

Otros símbolos de cosecha, como objetos hechos de mimbre (en forma de cesto, por ejemplo).

TIRADAS DE TAROT

Yo, bruja

1. ¿Qué energía tiene mi yo bruja?
2. ¿Cuál es su punto de poder?
3. ¿Qué partes de ella aún no he descubierto?
4. ¿Cómo puedo sacar a relucir su magia?
5. Mensaje de mi bruja interior.

Trabajo de sombras

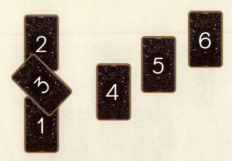

1. ¿Qué parte de mi sombra necesito conocer ahora mismo?
2. ¿De qué manera me limita?
3. ¿Cómo se manifiesta esta parte de mi sombra? ¿Qué problemas genera?
4. ¿Cuál es el siguiente paso para abrazar esta parte de mi ser?
5. ¿Cuál es la manera más eficaz de trabajar esto profundamente?
6. ¿Cómo me voy a sentir durante el proceso?

Predicción del siguiente ciclo festivo

1. Energía presente hasta Samhain.
2. Energía presente de Samhain a Yule.
3. Energía presente de Yule a Imbolc.
4. Energía presente de Imbolc a Ostara.
5. Energía presente de Ostara a Beltane.
6. Energía presente de Beltane a Litha.
7. Energía presente de Litha a Lugnasad.
8. Energía presente de Lugnasad a Mabon.

VELA DE EQUILIBRIO

- *Vela blanca*
- *Sal negra*
- *Perejil*
- *Eneldo*
- *Aceite de lavanda o sándalo*
- *Dos castañas*
- *Ojo de tigre*
- *Turmalina*
- *Un puñado de tierra*
- *Portavelas*
- *Plato*

En primer lugar, vestiremos la vela, calentando un poco los laterales con la ayuda de un mechero u otra vela y prensando la sal negra, el perejil y el eneldo con suavidad sobre ella. De esta manera el exterior quedará recubierto por una fina capa de los elementos. Una vez que se haya enfriado, tomaremos un poco del aceite escogido entre nuestras manos y lo distribuiremos con cuidado por toda la vela. La colocaremos sobre nuestro portavelas, y el portavelas en el centro de un plato. En el plato pondremos la tierra y la extenderemos alrededor de la vela para que quede uniforme. Dispondremos las castañas y los minerales sobre la tierra, como si fuesen las esquinas de un cuadrado. Encenderemos la vela y visualizaremos equilibrio y estabilidad en todo aquello que necesitemos (equilibrio emocional en alguna relación que tengamos, equilibrio entre la vida profesional y personal…). Podéis escribir alguna petición, oración, reflexión o frase para leer mientras arde la vela.

INFUSIÓN DE DESCANSO

- *Valeriana*
- *Tila*
- *Lavanda*
- *Canela molida*
- *Miel (de azahar)*
- *Leche*
- *Agua*
- *Infusor de té*
- *Taza (azul)*
- *Cucharilla (de plata)*

Empezaremos mezclando una pizca de cada una de nuestras hierbas, menos de media cucharadita de cada una. Pondremos las hierbas en un infusor de té dentro de la taza. Verteremos agua muy caliente, sin llegar a llenar la taza por completo, y dejaremos que el preparado repose durante un par de minutos. Pasado ese tiempo, retiraremos las hierbas junto con el infusor. Disolveremos en la infusión un par de cucharaditas de miel y añadiremos un poquito de leche. Mientras removemos, invocaremos calma, paz mental y sueño. Luego, nos tomaremos la infusión, preferiblemente en un momento relajado o antes de ir a dormir. Acompañad la bebida con un momento de reflexión sin distracciones, apagad las luces, meditad un poco…

ACEITE DE BIENESTAR

Dificultad: II

Tipo: aceite mágico, remedio

Necesitaremos:

- *Lavanda*
- *Ralladura de un limón*
- *Cardo*
- *Romero*
- *Aceite de almendras*
- *Dos botes de cristal*
- *Olla*
- *Agua*
- *Cucharilla*
- *Colador de tela*

Empezaremos lavando correctamente las plantas, sobre todo si las hemos recolectado, para retirar el polvo y la tierra que puedan tener. Después, las secaremos con un paño. También hervieremos los botes de cristal y la cucharilla durante unos diez minutos; así nos aseguraremos de que esté todo limpio, permitiendo que nuestro preparado dure más. Pasado este tiempo, sacaremos los botes y la cucharilla. Secaremos bien todo y colocaremos uno de los botes de pie dentro de la olla vacía. Lo llenaremos con aceite de almendras hasta la mitad y, entonces, pondremos agua en la olla hasta que llegue al nivel del aceite de dentro del bote.

Añadiremos dos cucharaditas de lavanda, la ralladura de limón, dos ramitas de romero y un cardo. A fuego muy lento, removeremos un poco para que todas las hierbas del interior del bote queden impregnadas de aceite y, finalmente, dejaremos que infusione durante un par de horas. Este es el momento perfecto para establecer nuestra intención: bienestar general. Podemos redactar algún encantamiento o simplemente decir en voz alta aquello que queremos que haga el aceite de bienestar. Que elimine molestias, que embellezca, que sane por dentro y por fuera, que quite llantos y penas... Os sugiero que lo encantéis de manera amplia y luego invoquéis una de sus propiedades al emplearlo.

Tras un par de horas, retiraremos la olla del fuego y esperaremos a que todo esté suficientemente frío como para manipularlo. Sacaremos el bote de dentro de la olla y colaremos las hierbas, dejando caer el aceite infusionado en el otro bote que limpiamos al principio. Antes de refrigerar nuestro aceite esperaremos a que se enfríe por completo. Por último, lo taparemos y lo conservaremos en la nevera para que se mantenga en buen estado durante más tiempo.

Para usarlo, tomad un par de gotitas del frasco con ayuda de un cuentagotas o una cucharilla limpia y ponedlas allá donde haya algún tipo de molestia. Masajead un poco con el aceite mientras pensáis en cómo mejora el mal de amores, lo bien que se está sin malestar en la rodilla, lo tranquila que se duerme con la mente en calma...

¡Recordad que ningún remedio mágico es sustituto
de un tratamiento médico, pero a veces puede
ser un buen acompañante!

BIBLIOGRAFÍA

Albet, M., *et al.*, *Calendari de festes de Catalunya, Andorra i la Franja*, Barcelona, Alta Fulla, 1989.

Benito, C., *et al.*, *Calendari de festes de les Illes Balears i Pitiüses*, Barcelona, Alta Fulla, 1992.

Black, W.G. *Medicina popular*, Barcelona, Altafulla, 1987.

Capmany, A. *Calendari de Llegendes, costums i festes tradicionals catalanes*, Barcelona, Dalmau i Jover, 1951.

Cuba, X. R., Reigosa, A. y Miranda, X. *Diccionario dos seres míticos galegos*, Madrid, Xerais, 2000.

Morgado, A. *Demonios, magos y brujas en la España moderna*, Servicio de Publicaciones de la Universidad de Cádiz, 1999.

Violant, R. *El llibre de Nadal: costums, creences, significat i orígens*, Barcelona, Alta Fulla, 1983.

Este libro
se terminó de imprimir
en octubre de 2024.